Made in the USA
Monee, IL
20 July 2023

39329505R00090

مجلسِ مهمان‌کُشی

سورپرایز پارتی

ساسان قهرمان

افرا

حقوق معنوی و مادی این اثر محفوظ و مخصوص ناشر و مولف است. این اثر مطابق قوانین بین‌المللی در کانادا به ثبت رسیده است و بازچاپ یا اجرای آن به استثنای نقل قول برای نقد و بررسی، بدون اجازه‌ی کتبی ناشر یا مولف ممنوع است.

قهرمان، ساسان، ۱۳۴۰
سورپرایز پارتی/ نمایش‌نامه. ۱۴۶ ص.
جلد: افرا
عکس روی جلد: ساسان قهرمان
شماره‌ی ثبت: 978-1722244545
چاپ نخست: تابستان ۲۰۱۸. تورنتو. نشر افرا

All rights reserved.
Copyright © 2018 Afra Publishing Co. / Sasan Ghahreman

www.digaranegi.com
sasang@digaranegi.com

2018 - AFRA

طرح اولیه‌ی این نمایش‌نامه از سال‌ها پیش است. یادم هست در همان دوران چند صفحه از آن را برای زنده‌یاد **لوون هفتوان** خواندم و از فضا و زبان آن یاد یک نمایش‌نامه‌ی ارمنی (به نام «یکشنبه») افتاد و سپس، به پیشنهاد او، با همکاری هم آن را به فارسی ترجمه کردیم. لوون متن ارمنی را به فارسی توضیح می‌داد و من بر مبنای توضیحات او دیالوگ‌ها را می‌نوشتم. اما «سورپرایرز پارتی» دیگر ماند و تکمیل نشد تا همین اواخر. اکنون که این «بازی» سرانجامی یافته است، آن را به خاطره‌ی **لوون** تقدیم می‌کنم، و به خاطره‌ی **بیتا شباهنگ**، دوست و همکاری عزیز که او نیز در این سال، ناگهان و نابهنگام رفت.

نیز، با سپاس از هم‌فکری‌های هوش‌مندانه و مهرورزانه‌ی **فواد اویسی، مرضیه ستوده، بهروز سلیمی، لیلا شمشیری‌راد، مهدی گنجوی، منیژه طاهری، ناصر ولدخانی، و فرشته مولوی** که این «بازی» را پیش از انتشار خواندند.

س. ق. آکست ۲۰۱۸

من برم صندوق را فردا به کو
پس بسوزانم میان چار سو
تا ببیند مسلم و گبر و یهود
کاندر این صندوق جز لعنت نبود

مثنوی معنوی

آدم‌های بازی:

میترا چهل و یک – دو ساله. بازیگر. حساب‌دار. همسر بابک.

بابک چهل و شش – هفت ساله. معمار. همسر میترا.

کیان چهل و سه – چهار ساله. دلال معاملات. پسرعموی میترا.

درنا بیست و هشت – نه ساله. دانشجو. دوست دختر کیان.

دکتر شصت و پنج – شش ساله. استاد تاریخ هنر.

پستچی

سورپرایز پارتی

(این توضیح و دستور صحنه‌های آتی، حامل نگاه نویسنده است و در حکم راه‌نما برای درک به‌تر خواننده. کارگردان و بازیگرانِ احتمالیِ این بازی نگاه و برداشت خود را خواهند داشت.)

هال یک خانه در محله‌ای متوسط- مرفه در تورنتو، کانادا.
سمت راست عقب صحنه در ورودی. روبه‌رو راست صحنه راه پله‌ای به طبقه دوم. کنار آن دری نیمه باز با راه پله‌ای به زیر زمین. روبه‌رو چپ صحنه دری باز به آشپزخانه. کنار آن دری بسته به یک اتاق. گوشه‌ی راست صحنه جلو، تلویزیونی پشت به تماشاگران. گوشه‌ی چپ جلو صحنه نرده‌های بالکن. در میان، سرویس مبل و میزی کوچک در یک سو (در سمت تلویزیون) و میز غذاخوری با صندلی‌هایی در سوی دیگر (در سمت آشپزخانه)، کتابخانه‌ای کوچک و دستگاه پخش‌صوت و تزئینات عادی یک خانه‌ی باسلیقه اما نه چندان مرتب. با یک آینه و ساعت دیواری و چند تابلو بر دیوارها، و خرده ریزهایی چون شمع و مجسمه و امثال آن، پراکنده در گوشه و کنار .

صحنه‌ی یکم.

میترا کنار راه پله پشت به تماشاگران ایستاده، دسته‌ای کاغذ در دست دارد و رو به آینه و با دقت به صورت خود نگاه می‌کند، بعد صورت را با دست‌ها می‌پوشاند، شانه‌هاش فرومی‌افتد، ناگهان با حرکتی سریع به سوی تماشاگران برمی‌گردد، به جلو صحنه می‌آید و روی زمین می‌نشیند:

میترا راستش نمی‌دونم از کجا شروع کنم، یا چه جوری. دیگه دارم طاقتم رو از دست می‌دم. ارنست هم همین‌طور. اون البته مَرده و زیاد به روی خودش نمیاره. شایدم من این جوری فکر می‌کنم، چون خیلی کمتر از من توی خونه‌ست و اون وقتایی هم که هست، یا ساکت می‌شینه جلو تلویزیون یا می‌ره توی زیرزمین و با خرت و پرت‌هاش ور می‌ره. بعضی وقتام یهویی ول می‌کنه و می‌ره بیرون و برا خودش ول می‌گرده و آخر شب برمی‌گرده و یه راست می‌ره توی رختخواب و لحافو می‌کشه روی سرش. جفت‌مون دیگه کلافه شدیم. تونی و میشا هم همین طور. خیلی نگرانم. یه جور بدی. گیج شدم، می‌ترسم همه چی‌مو از دست بدم. چکار می‌شه کرد؟ هیچکس نمی‌دونه. ما خیلی سعی می‌کنیم که جلو بچه‌ها کوچک‌ترین اشاره‌ای به قضیه نکنیم، ولی گاهی از دست‌مون در می‌ره. آدمیم دیگه. نیستیم؟ این جور وقتا تونی می‌دوه می‌ره بالا تو اتاقش و درشو محکم به هم می‌کوبه. میشا اولش اخم می‌کنه و دستاشو روی سینه‌ش گره می‌کنه و سرشو می‌ندازه پایین و لباش آویزون می‌شن. انگار قهر باشه یا از دست کسی حسابی دلخور شده باشه. ولی بعد دستاش شل می‌شن و اخم‌شم می‌ره و جاشو می‌ده به یه جور ماتی و گم شدگی. مات می‌شه و

خیره می‌مونه به یه جای نامعلوم و گم می‌شه توی یه دنیای ناشناخته‌ی تاریک که ما خبری ازش نداریم. حتمن با خودش خیال می‌کنه که تلخ‌ترین واقعه‌ی تاریخ بشریت رو به چشم دیده. عظیم‌ترین کوه دنیا رو سرش آوار شده. چی بگم.. شاید واقعیت هم همین باشه. هر دوشون حسابی گیج شدن و نمی‌دونن چکار کنن و به کجا پناه ببرن. بعضی وقتا فکر می‌کنم من و ارنست هم فرقی با اونا نداریم. ما هم نمی‌دونیم چکار کنیم و به کجا پناه ببریم. ارنست انگار یهویی صد سال پیر شده. برق از چشماش رفته. گونه‌هاش زده بیرون. دستاش می‌لرزه. آخر شبا یا زودتر از من می‌ره تو رختخواب و خودشو می‌زنه به‌خواب، یا دیرتر که من خوابیده باشم. روشو می‌کنه به دیوار که نبینمش. ولی من می‌دونم که چشماش بازه. عین چشمای خودم. (مکث، با لبخندی بی‌رنگ، گم در خاطره‌ای دور) ارنست و من توی کالج با هم آشنا شدیم و از هم خوش‌مون اومد و زودی هم ازدواج کردیم. هم‌دیگه رو دوست داشتیم، ولی... اون‌قدری نمی‌شناختمش.. اون‌وقتا که هیچ، حتا حالا هم... (مکث، اخم می‌کند و به فکر فرو می‌رود.) گاهی وقتا فکر می‌کنم اگه صبر کرده بودم، اگه یکی دیگه جای ارنست بود، اگه یه کم بیشتر یا یه جور دیگه دوستش داشتم، حالا چی می‌شد، فرقی می‌کرد؟ به‌تر می‌شد؟ می‌تونستیم با هم حرف بزنیم؟ راحت‌تر تحمل کنیم؟ می‌دونستم که قبل‌ترش، تو دوره‌ی دبیرستان، با لیزا و کارول سر و سرّی داشته. حتا فکر می‌کنم احتمالا یکی‌شونم بفهمی نفهمی بوسیده بوده. گرچه همچین دخترباز باعرضه‌ای نبود. منم از همینش خوشم اومده بود. خودمم تو دبیرستان از فرانک خوشم

می‌اومد و هی سر راهش سبز می‌شدم و بهش لبخند می‌زدم قد بلند و سبزه بود با چشمای روشن و موهای قهوه‌ای که می‌ریخت روی پیشونیش و انگشتاشم مثل انگشتای دخترا ظریف و نازک و بلند بود. همیشه یه قیافه‌ی غمگین رمانتیک به خودش می‌گرفت و زیر لب یه چیزایی زمزمه می‌کرد. دوست داشتم یه شب باهاش بیرون برم و توی یه بیستروی رمانتیک پاستا و شراب بخوریم و با هم والس برقصیم و بعدشم بریم توی پارک قدم بزنیم یا قایق سواری کنیم و اون همون چیزهای نامفهمومش رو که حالا لابد دیگه مفهوم داشت و شعرها و جمله‌های عاشقانه خطاب به من بود، زیر گوش من زمزمه کنه و منم سرم رو بذارم روی شونه‌اش و دست‌هاشو توی دستم بگیرم... (با لبخندی محو و خسته، خاطره‌اش را در ذهن مزمزه می‌کند، پلکی می‌زند و به اکنون باز می‌گردد) تونی هم دیگه انگار از همه چی قطع امید کرده و برای اولین بار رفته و یه دوست بزرگ‌تر از خودش گرفته. حالا بِست فرندش شده جاشوای سه خیابون اون طرف‌تر که چهار سال هم ازش بزرگتره و مدرسه رو هم ول کرده و توی چوب‌بریِ آدام اسمیت اینا کار می‌کنه. اینم روی بقیه‌ی نگرانی‌های من و ارنست سوار شده. تونی و میشا خیلی هم‌دیگه رو دوست داشتن و به هم نزدیک بودن. میشا همیشه به حرف تونی گوش می‌کرد و کارهای اونو کپی می‌کرد. ولی حالا تا پاشونو تو خونه می‌ذارن، می‌رن توی اتاق‌شون و در رو می‌بندن و من می‌مونم و من، تا ارنست از راه برسه، شامشو تند تند بخوره و بره تو زیرزمین، یا اونم بره تو اتاق و خودشو به خواب بزنه. خونه تاریکه. تاریک تاریک...

صدای پسر بچه‌ای از طبقه‌ی بالا:

صدا   مامان، مامان...

میترا تکانی می‌خورد و از جا برمی‌خیزد.

میترا   جانم مامی جان؟ چی می‌خوای عزیزم؟

صدا   می‌شه پلیز یک کم آب؟

میترا   آره مامانی. آب می‌خوای یا اورنج جوس؟

صدا   آب خوبه.

میترا   به شرطی که گیمت که تموم شد بیای پایین و یک کم هم پیش من بشینی. اوکی؟ مهمونم داریم و می‌تونی کمکم کنی.

نگاهی به ساعت می‌اندازد. به آشپزخانه می‌رود و لحظه‌ای بعد با لیوانی آب در دست بیرون می‌آید و از پله‌ها بالا می‌رود. کلید در قفل در سمت چپ می‌چرخد و در باز می‌شود و بابک وارد می‌شود. کراوات و عینک، کت و شلواری معمولی به تن دارد و کیفی در یک دست و دو کیسه پلاستیکی در دست دیگر. نگاهی به اطراف می‌اندازد و کیفش را کنار راه پله زمین می‌گذارد و به آشپزخانه می‌رود و چند لحظه بعد بدون کیسه‌ها با یک بطری آبجو در دست برمی‌گردد. کتش را در می‌آورد و به چوب‌رختی می‌آویزد و جرعه‌ای سر می‌کشد و تلویزیون را روشن می‌کند. آبجو را روی آن می‌گذارد و به اتاق سمت راست صحنه می‌رود. صدای میترا از بالا:

میترا   بابک؟ تویی؟

بابک از اتاق بیرون می‌آید. پیراهنش را درآورده و با زیرپوش به طرف کتش می‌رود و یک بسته سیگار را از جیبش درمی‌آورد و روی میز می‌اندازد.

میترا هلّو؟ بابک؟ تویی؟

بابک آره.

میترا سلام. چی شد، دیر کردی.

بابک خودش را روی مبل می‌اندازد و یک‌نفس چند جرعه آبجو می‌نوشد. بعد نفسی تازه می کند و سرش را به پشتی مبل تکیه می‌دهد.

میترا گفته بودی چهار میای. جایی رفتی؟

بابک میوه خریدم و یک کم آجیل و آبجو. ماست یادم رفت. داریم یا نه؟

میترا زنگ زدم تلفتنت بسته بود. آره صبح خریدم. ولی کاش جواب داده بودی. خیارشور یادم رفت بخرم.

بابک ترشی نداریم؟

میترا چرا یک کم هست. زیتون هم باید داشته باشیم.

بابک خب همینا بسه. بابا خوبه؟

میترا آره غذاشو خورده خوابیده.

بابک پرستارش اومد؟

میترا آره.

بابک مشکلی نداشت؟

میترا نه، آمپولاشو زد و دواهاشم داد، بعدشم تمیزش کرد و

حموم و سر و دستی هم به اتاقش کشید و رفت.

بابک   لباس زیرها و ملافه‌هاش؟

میترا   صبح ریخته بودمشون تو ماشین. اون از خشک‌کن درشون آورد و گذاشت تو کمد.

بابک   (اشاره به کاغذها) داشتی تمرین می‌کردی؟

میترا از پله‌ها پایین می‌آید.

میترا   پویانم سر گیمشه.

بابک   (نمی‌شنود، یا توجه ندارد) هنوزم اینجا؟

میترا   چی؟

بابک   می‌گم داشتی باز تمرین می‌کردی؟

میترا   آره. درس و مشقای پویان که تموم شد دوش گرفتم و دیدم هنوز تا بیان یک کم وقت دارم.

بابک   تو خونه فایده نداره.

میترا   (در حال جمع و جور) چی؟

بابک   این یارو چرا جای درست حسابی برای تمرین‌هاتون نمی‌گیره؟

میترا   یارو نیست و اسم داره. دکتر باران.

بابک   (پشت به میترا با لب و لوچه ادای او را در می‌آورد) حالا...

میترا	هنوز زوده فکر کنم. روخوانی که تموم بشه و بریم رو پا می‌گیره.
بابک	باید بهش فشار بیاری.
میترا	کار اون نیست که. دست تنهاست.
بابک	پس کار کیه؟
میترا	کارگردانه، نباید که دنبال همه‌ی کارها بدوه.
بابک	خوب دستیار بگیره.
میترا	به وقتش لابد می‌گیره.
بابک	چه‌طور پیش می‌ره؟
میترا	دستیار گرفتن؟
بابک	خودِ کار. حفظی؟
میترا	بد نیست. تا ببینیم. (به طرف اتاق) تو چکار کردی؟
بابک	چی رو؟
میترا	همین‌جوری. کار چه‌طور بود؟
بابک	چی؟
میترا	کار چه‌طور بود؟
بابک	کدوم کار؟

میترا (بیرون می‌آید) هیچی بابا. کار. کارتو پرسیدم. آفیس.

بابک چه جوری باید باشه؟ مثل هر روز. چه‌طور مگه؟

میترا (به آشپزخانه می‌رود) هیچی همین‌جوری. خسته‌ای؟

بابک جواب نمی‌دهد. حواسش به تلویزیون است. کانال عوض می‌کند. میترا از آشپزخانه بیرون می‌آید. کاغذهاش را از روی زمین برمی‌دارد و در گوشه‌ای می‌گذارد.

میترا نمی‌خوای یه دوش بگیری؟

بابک (حواسش به تلویزیون است) فایده نداره.

میترا چرا نداره؟

بابک همه‌ش مزخرف و تکراری.

میترا حموم؟

بابک (لحظه‌ای مکث) اونم بد فکری نیست. (نگاهی به ساعت، تلویزیون را خاموش می‌کند و کنترل را روی میز می‌اندازد و بلند می‌شود) راست می‌گی برم یه دوشی بگیرم تا نیومدن.

میترا هاج و واج به بابک نگاه می کند که بی‌حوصله از کنار او می‌گذرد و از پله‌ها بالا می‌رود. بعد به اطراف نگاه می‌کند، کنترل را گوشه‌ی میز می‌گذارد و چند چیز دیگر را مرتب می‌کند. کنار آینه می‌ایستد و به دیوار تکیه می‌دهد.. چشمش روی تلفن می‌ماند. نگاهی به راه‌پله می‌اندازد. به طرف تلفن می‌رود و برش می‌دارد و روی یک صندلی می‌نشیند و شماره می‌گیرد. چند لحظه انتظار، و بعد:

میترا الو ناهید جان؟ سلام... مرسی تو خوبی؟... کجایی خانم،

دو سه هفته‌س هیچ خبری ازت نیست... نه دیگه، از این چیزا به من نگو دیگه! آره باشه مرسی... آره اونم خوبه بد نیست، بد نیست... قربانت... شازده قراضه هم خوبه. تازه رسیده رفته دوش بگیره... آره... ببین خانوم، حوصله داری امشب بیای این طرف‌ها؟... نه، هیچی به‌خدا... بابک این بچه‌ها رو دعوت کرده... همین از ما به‌ترون‌ها که تازه از ایران اومدن... همکار تازه‌ش، همون آرشیتکت قراضه‌هه و زنش که می‌گفتم... آره... راستش اصلن حوصله‌شونو ندارم... نه بابا من چه حرفی دارم با اونا بزنم؟... حالا نمی خواد تاقچه بالا بذاری. مهمونی که نبوده... به جان پویان می‌گم نه... حالا یک کاریش بکن... (پلک‌هاش را با خشمی کنترل شده روی هم می‌گذارد و لبش را به‌دندان می‌گزد) غلط کرده بابک... آره می‌دونم... باشه، باشه... (به ساعت دیواری نگاه می‌کند) نه هیشکی... آره... دیگه حدود هفت و نیم هشت اگه خودتو برسونی خوبه... باشه یکی طلبت. (بلند و مصنوعی می‌خندد) باشه... حتمن... پس زود بیای ها نذاری آخر شب! باشه می‌بینمت.

گوشی را می گذارد و تلخ به تلفن نگاه می‌کند، سری تکان می‌دهد و نفسی می‌کشد و به آشپزخانه می‌رود. بابک حوله به دوش، در حال خشک کردن موها با حوله‌ای کوچک از پله‌ها پایین می‌آید. از آشپزخانه صدای باز کردن پاکت‌ها و جابه‌جا کردن ظروف به گوش می‌رسد. بابک به هال می‌رسد، چرخی می‌زند و نگاهی به اطراف می‌اندازد. دنبال چیزی می‌گردد.

بابک این آبجو من کجاس؟

میترا چی؟

بابک تو ورش داشتی؟

میترا	چی رو؟
بابک	آبجو.
میترا	خودت گذاشتی‌شون اینجا. دارم می‌ذارمشون تو یخچال.
بابک	مال منو می‌گم.
میترا	مگه اینا مال منه؟
بابک	آبجو خودم. بطری خودم. یکی‌شو وا کرده بودم داشتم می‌خوردمش. اینجا بود.
میترا	شیشه‌شو می‌گی؟ یک قلپ بیشتر تهش نبود. ریختمش.
بابک	ای بابا، هنوز نصفشم نخورده بودم. برای چی ریختیش؟
میترا	نصف نبود و یک قلپ بود. بعدشم می‌خواستی جمعش کنی. همه‌ش من باید پشت سر تو راه بیفتم و جمع کنم؟
بابک	حرف بی‌خود چرا می‌زنی؟ گذاشته بودم که برگردم و تمومش کنم.
میترا	اگه می‌رسیدن چی؟
بابک	اگه قرار بود برسن که حموم نمی‌رفتم. هنوز کو تا بیان.
میترا	(با یک بطری تازه از آشپزخانه بیرون می‌آید و آن را روی میز می‌گذارد) کمت بود، بگو یکی دیگه می‌خوام. اینایی که تازه از ایران میان هیچ کارشون رو حساب نیست. بهشون گفتی عصر، یهو سر ساعت چار صف می‌کشن

پشت درت. می‌گی شب، می‌ذارن یک بعد از نصف شب.

بابک چپ چپ به او نگاه می‌کند که صندلی‌ای را یک وجب جابه‌جا می‌کند و تابلویی را بر دیوار کمی تکان می‌دهد تا مطمئن شود راست است، و به آشپزخانه برمی‌گردد.

بابک   (می‌نشیند) جل‌الخالق!

میترا   کدوم؟

بابک   چی کدوم؟

میترا   گفتی جعبه‌ی چی؟

بابک   گفتم جل‌الخالق!

میترا   دهه؟ به کی؟

بابک   به عمه‌م لابد!

میترا   هنر کردی. من اگه چیزی نمی‌گم دیگه وادادم به‌خدا.

بابک   باشه. (دوباره کنترل را برمی‌دارد و خیره به تلویزیون) حالا غذا چی درست کردی؟

میترا با گیلاسی مشروب در دست به هال می‌آید و روی یک صندلی می‌نشیند.

میترا   کتلت، با سوپ جو و خوراک مرغ و سالاد.

بابک   همین؟

میترا چشه؟

بابک خب پلویی، ماکارونی‌ای، یه چیز شکم پر کن..

میترا مگه نمی‌خواین مشروب بخورین؟

بابک چرا، ولی من که نمی‌دونم چه‌قدر مشروب‌خور باشن، زن‌شو که نمی‌دونم اصلن، با پسره هم تو پارتی آفیس یه لبی تر کردیم، ولی یارو یک کمم همچین بچه مسلمون می‌زنه.

میترا خب می‌خواستی زودتر بگی، سفره ابوافضل می‌انداختم براشون!

بابک ای بابا! می‌گم یعنی بالاخره مهمونی شامه، آبجو عصرونه نیست که مزه درست کردی.

میترا حالا این‌همه خوراک شد مزه؟ همون کتلتش می‌دونی چه‌قدر وقت می گیره؟

بابک بابا دفعه‌ی اوله که دو تا آدم دارن میان خونه‌مون، این‌جوری می‌خوای ازشون پذیرایی کنی؟ فکر می‌کنی چه انتظاری دارن؟

میترا (در حال رفتن به اتاق، برمی‌گردد و در چارچوب در می‌ایستد) خسته‌ام بابک اون روی سگ منو بالا نیار! اصلن من نمی‌فهمم برای چی اینا رو دعوت کردی.

بابک برای چی نداره! همکارمه تازه اومده می‌خوام آشناتر بشیم و احساس راحتی بکنه.

میترا من نمی‌دونم والله. اگه دستت زیر سنگ‌شونه بگو، وگرنه به درک که چه انتظاری دارن. دو تا الف بچه بلند شدن اومدن اینجا و حالی‌شون نیست که چی به چیه و هزار جور گند و کثافت و تعارف و انتظار و کوفت و زهر مار دیگه هم تو مخ‌شونه، اون‌وقت من باید همه‌ی کار و زندگی‌مو بذارم و بشم دده بزم‌آرا و سفره‌ی صفی علی شاه براشون بچینم!

بابک (نیم‌خیز می‌شود) یعنی من دارم خایه مالی اینا رو می‌کنم؟ اینو می‌خوای بگی؟ ها؟ همینو می‌خوای بگی؟

میترا (مکث. خشمش را قورت می‌دهد) اون‌شو دیگه خودت لابد به‌تر می‌دونی. من همچین چیزی نگفتم. گفتم به من چه که اینا کی‌ان و چه انتظاری دارن. گور مرگ‌شون دو تا مهمونی دیگه که برن یاد می‌گیرن که بعله برون خونه‌ی عمه و خاله‌شون ته دورقوزآبادِ عُلیا فرق داره با شام خونه‌ی من که یه لاخ تره هم برای هیچ کدوم از اون ریخت و پاش‌های صد تا یه غاز خورد نمی‌کنم.

صدای زنگ

بابک شِت! بفرما!

میترا بفرما! تخم‌های دو زرده‌تون تشریف آوردن. حالا می‌گی چکار کنم؟ چلوکباب سفارش بدم؟

صدای زنگ

بابک (همچنان که به طرف پله‌ها می‌دود) غذا به درک دیگه گذشته. سرشونو گرم کن تا من یه لباسی تنم کنم. اینا رو

جمع کن اون بطری را هم بردار. اخم نکن. لبخند! فرض کن رو صحنه‌ای!

از راه پله‌ها می‌دود بالا. میترا به رفتن او نگاه می‌کند. لحظه‌ای چشم‌هاش را می‌بندد. بعد به طرف در می‌رود. دکمه‌ای را فشار می‌دهد:

میترا   سلام خوش اومدین، بفرمایین!

با دکمه‌ی دیگری در را باز می‌کند. نگاهی به اطراف می‌اندازد بطری آبجو را برمی‌دارد و به آشپزخانه می‌برد و برمی‌گردد. نگاهی به راه پله‌ها.

میترا   زودباش دیگه الآن می‌رسن.

می‌رود جلو آینه و دستی به سر و صورت و لباسش می‌کشد، یقه‌اش را کمی بازتر می‌کند، دوباره به سمت در می‌رود و منتظر می‌ماند. تقه‌ای به در می‌خورد. در را باز می‌کند. جا می‌خورد. آن سوی در، کسی با یونیفرم دلیوری دستش را با جعبه یا بسته‌ی کوچکی به طرف او دراز می‌کند.

پستچی   Mitra?

میترا   (متعجب) Yes?

پستچی   Sign here please

میترا   For me?

پستچی   Yes, Mitra Na... Naj...

میترا   Naji, yes, that's me

پستچی   Ok, sign here please

میترا امضا می‌کند و بسته را تحویل می‌گیرد. پستچی می‌رود. میترا در را آرام می‌بندد و همچنان که با حیرت به بسته نگاه می‌کند، با قدم‌های کوتاه از در دور می‌شود. بابک با شتاب از پله‌ها پایین می‌آید.

بابک   به به خوش اومدین صفا آوردین ببخشین بالا بو.. دم...

همچنان که کندتر پایین می‌آید نگاهی حیرت‌زده به میترا و اطراف می‌اندازد.

بابک   نرسیدن هنوز؟

میترا   اونا نبودن.

بابک   پس کی بود؟

میترا   پست. فکر کنم. نه. از آمازونه. دلیوری.

بابک   دلیوریِ چی؟

میترا   این!

بابک   اون چیه؟

میترا   چه می‌دونم، بازش نکردم هنوز.

بابک   یعنی چی؟ چیزی اوردر داده بودی؟

میترا   نه.

میترا کنار میز رسیده، بسته را همچنان در دست دارد و نوشته‌های روی آن را نگاه می‌کند. بابک هم نزدیک می‌شود.

بابک   خب پس چیه؟ از کجا؟

میترا	می‌گم نمی‌دونم، منم مثل تو!
بابک	تبلیغاتیه؟
میترا	نه، فکر نکنم.
بابک	از کجا می‌دونی؟
میترا	خب با اسم و آدرس اومده.
بابک	به اسم ما اومده؟ آها (بی‌حوصله کنار می‌کشد) حتمن از این چیزای پزشکیه برای بابا.
میترا	چیزای پزشکی چیه؟
بابک	همین ور وسایل دیالیز و پوشک و چه‌میدونم فشار خون و اینا، حتمن کامران فرستاده.
میترا	به اسم من؟
بابک	به اسم تو اومده؟ از کجا؟

میترا کلافه نگاهش می‌کند.

بابک	خب بازش کن ببینیم چیه.

میترا می‌نشیند و بسته را باز می‌کند. بابک سرش را خم کرده و منتظر است. میترا یک کتاب و یک کارت از داخل بسته بیرون می‌آورد.

بابک	کتابه؟ (میترا هنوز حیرت‌زده است. جواب نمی‌دهد. بابک اسم روی جلد کتاب را می‌خواند) سورپرایز پارتی؟

میترا (خوشحال) آخی! نمایش دکتره! (کتاب را با مهر و شادی نگاه می‌کند و به بابک نشان می‌دهد.) چاپش کرده!

بابک همین؟ چه لوس! (کنار می‌کشد) این آقای دکتر شما هم کس‌خله ها! حالا چرا این‌جوری فرستاده‌ش واسه تو؟

میترا نگاه تندی به بابک می‌اندازد. بابک با اخم از او دور می‌شود و روی مبل می‌نشیند و کنترل را برمی‌دارد و تلویزیون را روشن می‌کند. به ساعتش نگاه می‌کند:

بابک پس کی می‌خوان بیان دیگه! داره گشنه‌م می‌شه. یه لقمه از اون کتلت میاری؟ شِت!.. خیارشور!

میترا با لبخندی بر لب کتاب را باز می‌کند، خطوطی را می‌خواند و گل از گلش می‌شکفد.

میترا وای! به من تقدیمش کرده!

بابک (پوزخند) می‌خواستی به من تقدیمش کنه؟

میترا نه، کتاب رو!

بابک آها! فکر کردم بسته‌شو می‌گی!

میترا کتاب رو، خود کتاب رو، متن نمایش‌نامه رو، چاپ کرده توش، چاپی نوشته، نمایشنامه‌شو به من تقدیم کرده!

بابک نخست با همان پوزخند شانه بالا می‌اندازد، بعد انگار فکری از ذهنش بگذرد، اخم می‌کند، با نگاهی تند به میترا:

بابک خود نمایشنامه رو؟

میترا	(خوشحال و مفتخر) آره!
بابک	یعنی چاپش کرده؟
میترا	آره!
بابک	توی شناسنامه‌ی کتاب؟
میترا	آره دیگه!
بابک	چه معنی داره؟
میترا	خب، سر متن و دیالوگ‌ها هم‌فکری کردیم، ولی خیلی لطف کرده.
بابک	خیلی زشته.
میترا	زشت؟
بابک	آره. چه معنی‌ای داره این کار؟ مرتیکه عقلش نمی‌رسه؟ فکر نکرده مردم چی فکر می‌کنن؟
میترا	وا! این چه حرفیه؟ مردم چه فکری قراره بکنن؟
بابک	مردم به درک، من چه فکری بکنم خوبه؟
میترا	چی داری می‌گی تو؟
بابک	خوب می‌فهمی چی دارم می‌گم.
میترا	نخیر، نمی‌فهمم.

بابک نمی‌فهمی؟ جناب آقای مجرد لاسو نمایشنامه‌شو به بازیگر جوون محبوبش تقدیم می‌کنه، نمی‌فهمی یعنی چی؟

میترا حالا دیگه من جوون شدم؟

بابک از اون مرتیکه‌ی فسیل هفتاد ساله که ربع قرن جوون‌تری!

میترا شصت و پنج!

بابک هر چی!

میترا با حیرت و تلخ به او نگاه می‌کند.

بابک سر و سری داره باهات؟

میترا (هنوز جدی نگرفته) حرف دهن‌تو بفهم بابک!

بابک حالا معلوم شد واسه چی جا برای تمرین نمی‌گیره!

میترا (برآشفته) این مزخرفا چیه داری همین‌جوری وِر وِر می‌بافی برا خودت؟

بابک آقا مونولوگ یک ساعته‌ی تک بازیگره می‌نویسه عدل واسه تو، هفته‌ای سه شبم از دم ظهر پر پر می‌زنی که با هفت قلم آرایش بری خونه‌ش که باهات تمرین کنه، خیال کردی من خرم؟

میترا اینم از همراهی و حمایتته؟ بعد از بیست سال یه راهی پیدا شده که...

بابک مرتیکه‌ی پفیوز دبنگ! (تلفنش را برمی‌دارد و دستش را دراز می‌کند به‌سوی میترا) همین الآن بهش زنگ می‌زنی می‌گی این کتاب کوفتی‌شو هیچ جا پخش نکنه و اسم تو رو هم از توش در بیاره. بعدشم می‌گی دیگه نمی‌تونی توی این تئاتر دوزاری‌ش بازی کنی. لازم نکرده.

میترا چرند چرا می‌گی؟

بابک چرند نمی‌گم. خودتم خوب می‌دونی. خیلی وقته بو برده بودم یه خبرایی هست ولی الآن دیگه بهم ثابت شد.

میترا دِ؟ چی ثابت شد؟

بابک همین! تئاتر و تمرینای دونفره و همه‌ی این کثافت‌بازی‌های جناب دکترت. اون که از ریخت کثافتش معلومه. تو چی؟ گفتم سر و سری باهاش داری؟

میترا (خیره نگاهش می‌کند.) دهن منو باز نکن بابک!

بابک می‌گم زنگ بزن کنسلش کن!

میترا اِ ؟ باشه! بده من اون گوشیِ کوفتی‌تو! (دستش را دراز می‌کند که تلفن بابک را بگیرد)

بابک (دستش را عقب می‌کشد) اصلن تو برای چی با این وضع زندگی ما باید این همه وقت بذاری برای یه همچین چیزی؟

میترا کدوم وضع؟

بابک همین! همین طویله‌ای که توشیم!

میترا مگه من مسئول این طویله‌ام؟

بابک (اشاره به بالا) مسئول بچه‌ی ده ساله‌ت که هستی! کار هم که می‌کنی. خونه، با اون بابای بدبخت من که افتاده اون بالا!

میترا مسئول بدبختی بابای تو که دیگه من نیستم!

بابک اندازه‌ی نصف درآمدتو دارم می‌دم به این زنکه‌ی زبون‌نفهم چینی!

میترا هفت روز هفته که نمی‌تونم کلفتی کنم تو این خونه، پول پرستارش از جیب منم داره می‌ره.

بابک حقوق اونو مگه تو می‌دی؟

میترا ما می‌دیم! یعنی پولی که باید بیاد توی این خونه. (با تاکید بر تک تک کلمات) توی این خونه! خونه‌ی من و تو! زندگی من و تو!

بابک جناب دکتر و تیاترش از قلم نیفته!

میترا چرت نگو بحثو عوض نکن!

بابک خودت بحثو عوض نکن! گفتم سر و گوش اون فسیل فزرتی که معلومه می‌جنبه، تو واسه چی چسبیدی درِ کونش؟

میترا منم گفتم حرف دهنتو بفهم! اه! حالم به هم خورد!

بابک در نرو از زیرش. دارم می‌گم...

میترا تو در نرو از زیرش! بابای تو اصلن برای چی هنوز این‌جاس؟

بابک برای این‌که خونه‌ی پسرشه!

میترا دو تا پسر دیگه هم داره! با یه دختر! با سه تا برادر و خواهر!

بابک اگه بابای خودت بود هم همینو می‌گفتی؟

میترا بابای من اون‌قدر شعور داره که خودشو نندازه رو دست بچه‌هاش!

بابک اوف اوف اوف! چه شعوری به آدم می‌ده بهره‌ی بانک‌های ایران!

میترا زر مفت نزن! یک ساله ورداشتی آوردی نشوندیش رو سر من، دیگه نمی‌خواد واسه من ...

بابک کی بود هی اصرار می‌کرد (ادای میترا را در می‌آورد) «پدربزرگ پسرمونه، باید نزدیکش باشه، خودم ازش مراقبت می‌کنم»!

میترا آره، خب یه ماه، دو ماه، چه می‌دونستم یه همچین بلایی سرم میاد. الآن خودت ماه تا ماه یه لنگه جوراب‌شو این‌ور اون‌ور می‌کنی؟

بابک خب نمی‌رسم. حالا می‌گی چکارش کنم؟

میترا من که شیش ماه پیش گفتم، باید یه آسایشگاه براش پیدا کنیم.

بابک خرج آسایشگاه دستکم دو برابر این پرستاره.

میترا با داداشات تقسیمش کن. تو خونه نباشه که دیگه نمی‌تونن به روی خودشون نیارن.

بابک ده بار گفتم بازم می‌گم، محاله بفرستمش یه همچون جاهایی.

میترا من دیگه نمی‌کشم بابک! نمی‌کشم! دیگه به اینجام رسیده! ای بابا، اسیر گرفته انگار!

بابک اسیری تو خونه‌ی خودت؟

میترا به کار و بدبختیاش که می‌رسه می‌شه خونه‌ی خودم!

بابک خب تو از صبح تا شب توی این خونه‌ای! خونه‌ی من که اون ماشینه و ...

میترا تو خونه‌ام؟ دارم کار می‌کنم. کار! توی اون زیرزمین کوفتی!

بابک می‌خوای منم همین فردا شرکتو ببندم بیام بشینم وَرِ دل تو؟ ها؟ اون‌وقت مورگیج، ماشینا، بیمه‌ها، سل‌فُن‌ها، کلاسای پویان، ...

میترا هر غلطی دلت می‌خواد بکن. خیال کردی از دل خوشمه اون پایین یکی می‌زنم تو سر خودم یکی تو سر کلکولِیتُر؟

بابک من نذاشتم سرکار عالی با یه لیسانس چُسکیِ اون خراب‌شده، این ور آب هنرپیشه‌ی مشهور پول‌ساز بشین؟

میترا نخیر، ولی بیکارم ننشستم و هر چی هم در میارم می‌ریزم توی همین خراب شده.

بابک شهریه‌ی کالجت از کجا اومد؟ سه سال آزگار خانم سر درس و مشق، خرج این زندگی رو کی داد؟

میترا پیش‌قسط این خونه از کجا اومد؟ سرمایه‌ی اون شرکت کوفتی از کجا اومد؟

بابک (ثانیه‌ای مکث. منفجر می‌شود. فریاد) بابات داد! خوبه؟ بابات داد! همینو می‌خواستی بشنوی؟ همینو می‌خواستی باز به رخم بکشی؟

میترا اه! برو بمیر بابک، دیگه واقعا حوصله‌ی این رفتارهای گندتو ندارم!

بابک دِ آخه باغِ پسته‌ی پشت قباله‌تو که نبخشیدی! با هزار منت قرض داد. قرض!

میترا اون نمی‌داد با کدوم کردیت می‌تونستی قرض بگیری؟ ها؟ از کدوم بانک؟ اونم بی‌بهره! یامفت! هر وقت تونستی بدی.. دیگه دهن منو باز...

بابک دلار هزار و صد تومن فرستاده، هزار و صد تومن، دلار سه تومن چهار تومن پسش دادم! الآنم که دیگه اُلمُست پنج تومن! دیگه چی رو هی تو سر من می‌زنی؟

میترا دادیم.

بابک چی؟

میترا دادیم. دادیم!

بابک که چی؟

میترا که هی نگو دادم. هر دومون کار کردیم و پس دادیم و پس می‌دیم. همه‌ی حرف من همینه! پول کار من و تو باید بیاد تو این خونه. مال این خونه‌س.

بابک کدوم گور دیگه‌ای مگه داره می‌ره؟

میترا مال پسرته که چند سال دیگه باید بره دانشگاه.

بابک قمار کردم؟ جنده بازی کردم؟ معتادم؟

میترا هزار و دویست دلار واسه ماهی ده روز پرستار جزو خرج و مخارج این خونه نیست! خواهر برادراتم زنده و سالمن، دارن، باید بدن! من دیگه نمی ....

بابک با خشم خیز برمی‌دارد به سوی میترا

بابک ببر اون صدای نحس‌تو، می‌شنوه!

میترا بشنوه به درک! (رو به بالا با صدای بلند) تا آخر این هفته اگه نبریش ...

بابک به‌خدا خفه‌ات می‌کنم!

شانه‌های میترا را می‌گیرد و به‌شدت تکانش می‌دهد. میترا جیغ می‌کشد و می‌کوشد خودش را رها کند.

میترا ولم کن کثافت وحشی!

صدای زنگ - دو بار پیاپی

هر دو جا می‌خورند. میترا بابک را پس می‌زند و خودش را از لای دست‌های او کنار می‌کشد. بابک او را رها می‌کند و هاج و واج به در نگاه می‌کند. میترا به سوی آینه می‌رود و موها و سر و وضعش را مرتب می‌کند. بابک نگاهی به او می‌اندازد، نگاهی به خودش، نگاهی به ساعت، بعد راه می‌افتد تا از پله‌ها بالا برود. میترا خشمگین با نگاه او را دنبال می‌کند.

صدای زنگ

میترا چشم‌هاش را می‌بندد و با حرکتی شبیه به حرکات یوگا، چند نفس عمیق می‌کشد و فوت می‌کند. بعد به سوی در می‌رود و دگمه‌ی زنگ را فشار می‌دهد. با شتاب صندلی‌ها و خرده وسایل را مرتب می‌کند، تلویزیون را خاموش می‌کند، بسته‌ی پستی و کاغذ دورش را برمی‌دارد و مچاله می‌کند و به آشپزخانه می‌برد. و تند برمی‌گردد، کتاب را کنار دستگاه پخش صوت می‌گذارد و آن را روشن می‌کند. موزیک ملایمی با صدای کم پخش می‌شود. دوباره نگاهی به اطراف می‌اندازد و باز چند نفس عمیق. به طرف در می‌رود. به نزدیک در که می‌رسد، تقه‌هایی به در می‌خورد. لبخندی روی لب‌ها می‌آورد و در را باز می‌کند. دستی از پشت در دسته گل کوچکی را جلو می‌آورد. میترا جا می‌خورد و خودش را عقب می‌کشد. کیان با لبخند سرش را از پشت گل‌ها جلو می‌آورد.

کیان اجازه هست؟

میترا اوا تویی کیان؟ (گل را می‌گیرد) این چیه؟ (کنار می‌رود و راه باز می‌کند. کسی را پشت سر کیان می‌بیند) آخ سلام درنا جان! ببخش ندیدمت! شما کجا اینجا کجا؟

کیان و درنا وارد می‌شوند. درنا یک بطری مشروب در پاکت کادویی به میترا می‌دهد و روبوسی می‌کنند. کیان جلوتر می‌آید و به اطراف خانه نگاهی می‌اندازد. میترا همان‌طور که تعارف می‌کند که بنشینند، به درنا:

میترا	چه خوشگل شدی دختر!
درنا	(می‌خندد) تو هم که مثل همیشه عالی!
میترا	راست می‌گی؟
درنا	آره جونِ میترا جون! رو فُرم و زیبا!
میترا	مرسی عزیزم! این گوشواره‌ها چه‌قدر به صورت و لباست میاد!
درنا	جونِ من؟
میترا	آره، خیلی!
درنا	(پز می‌دهد) تازه‌س!
میترا	جدی؟ مبارکه!
درنا	آره! کادوی کیان! دیشب!
میترا	به به! از این سلیقه‌ها داره کیان؟
درنا	دیشب حسابی سورپرایزم کرد!
کیان	امروزم نوبت شماس!
میترا	من؟
کیان	(هم‌صدا با درنا) تولدت مبارک!
میترا	تولد من؟

کیان آره دیگه! مگه امروز نیست؟

میترا امروز؟ خب... آره انگار ...

کیان ما رو که خبر نکردین، گفتیم خودمون بیایم و سورپریزت کنیم!

میترا خبری نیست!

کیان ما که گلایه‌ای نکردیم!

میترا نه جدی، جانِ پویان خبری نبود، یعنی اصلن یادم نبود. شماها الآن یادم انداختین.

درنا مگه می‌شه؟ آدم تولد خودش که یادش نمی‌ره!

کیان خودشم یادش بره، (اشاره به خودش) پسرعموجانش یادش نمی‌ره!

میترا واقعا یادم نبود! با این کار و گرفتاریا...

کیان ای ناقلا! (چشمک می‌زند) یعنی بابک هم دیشب یادت نیاورد؟ کوش راستی؟ سرِ کاره هنوز؟

میترا نه به‌خدا اونم یادش نبود.

کیان به این سو و آن سو و سپس به بالا نگاه می‌کند. میترا نگاه او را می‌بیند.

میترا تازه از کار رسیده. الآن میاد. فکر کنم رفته لباس‌شو عوض کنه. آخه راستش.. امشب مهمون داریم، شما که زنگ زدین فکر کردیم اونان.

درنا	(به کیان) دیدی گفتم؟ (با شیطنت، به میترا) دروغت در اومد!
میترا	نه به خدا نه عزیزم به جان پویان نه، واسه اون نیست، این همکار جدید بابک تو شرکتشون، با زنش...
کیان	همینا که تازه از ایران اومدن؟
میترا	بابک گفته بیان امشب دور هم باشیم تا یه خورده یخشون وا شه. همین به جون خودت.
کیان	جدی می‌گی؟
میترا	آره جان پویان.
کیان	پس بد موقع اومدیم.
میترا	نه خیلی هم خوب کردین، راستشو بخواین اصلن حوصله‌شونو نداشتم و نمی‌دونستم چه جوری تحمل‌شون کنم. بازم مرسی! بشینین دیگه، آبجو؟ (به سمت آشپزخانه می‌رود) شرابم هست البته. مشروبای سنگین‌ترم که خودت می‌دونی کجان.
کیان	من که الآن آبجو، مرسی آره می‌دونم (به درنا) تو چی؟
درنا	مرسی میتراجون، من یه کم شراب اگه زحمت نمی‌شه.
میترا	قرمز؟
درنا	آره مرسی.

میترا (از آشپزخانه سرک می‌کشد رو به بالا) لباس می‌پوشی بابک؟ بیا پایین، مهمونات نبودن، کیان و درنان!

کیان می‌گم نکنه مهمونی در کار نیست و اونم خواسته سورپریزت کنه!

میترا با سینی خوراکی و آبجو و گیلاسی شراب از آشپزخانه برمی‌گردد. سینی را روی میز می‌گذارد. نگاهی به راه پله می‌اندازد.

میترا بابک؟ (با پوزخند سر تکان می‌دهد) نه، میان خیر سرشون. الآناست که سر و کله‌شون پیدا شه.

کیان پس بگو بیاد دیگه تا اونا برسن یه کم خودتونو ببینیم.

میترا آره الآن میرم صداش می‌کنم. بعید نیست رفته باشه یه دوش بگیره. شماها یک کم از خودتون پذیرایی کنین الان برمی‌گردم.

آبجو و شراب را جلو کیان و درنا می‌گذارد و بالا می‌رود. درنا و کیان تشکر می‌کنند. چند لحظه سکوت.

درنا یه کم لاغر نشده؟

کیان میترا؟ نمی‌دونم. دقت نکردم.

درنا چه‌طور ندیدی؟ گونه‌هاش آب رفته، پای چشماش... رنگشم یک کم پریده بود.

کیان خسته‌س لابد. کار و خونه و بچه و حالا هم این تئاترش..

درنا آخ آره تئاترش. خیلی بهش حسودیم میشه.

کیان	چرا؟ مگه دوست داری هنرپیشه بشی؟
درنا	من نه، می‌گم یعنی کاری رو که دوست داره، می‌کنه.
کیان	تو هم کاری رو که دوست داری می‌کنی.
درنا	آره، ولی خب فرق می‌کنه.
کیان	چه فرقی؟
درنا	من درس و کارم یکیه. ولی میترا تئاتر خونده، حالا حسابداری...
کیان	هوم.. چی بگم والله.. بیشتر یه جور دلخوشکنک نیست به نظر تو؟
درنا	(با حیرت به کیان نگاه می‌کند.) کارش؟
کیان	تئاتر. درآمدی که نداره براش.
درنا	کیان؟ یه وقت نگی به خودش!
کیان	آخه با این همه زحمت، کی مگه میاد تئاتر ببینه؟
درنا	چرا، خیلی‌ها میان.
کیان	فوقش دو شب، دویست سیصد تا.
درنا	نه بابا، اون دفعه یادت نیست سالن ریچموندهیل سنتر پرِ پر شده بود!
کیان	اون یه بحث دیگه‌س. یکی از این اسم و رسم‌دارهای

ایران بیاد آره. ملت صف می‌کشن!

درنا مردم خب دوست‌شون دارن. دل‌شونم تفریح می‌خواد. به زبون خودشون.

کیان (شانه بالا می‌اندازد) چشم و هم‌چشمیه بیشتر.

درنا (خودش را لوس می‌کند) خب منم دوست دارم!

کیان مال تو می‌شه نوستالژی!

درنا نوستالژی؟ بعدِ سه سال؟

کیان اتفاقن آره! یا عادت.

درنا عادت نیست، دوست دارم واقعا. (صداش را پایین می‌آورد) کارهای این‌وریا خسته‌م می‌کنه، سر در نمیارم خب!

کیان با اونا بزرگ شدی و عادت کردی به‌شون. سه سالت بشه شیش سال تو هم تبِت می‌خوابه. یا یه سری هنرپیشه‌ی تازه میان رو کار که دیگه نمی‌شناسی‌شون.

درنا به هر حال خوش می‌گذره. کلی هم دوست و آشنا می‌بینه آدم.

کیان خب همین دیگه.

درنا منظور؟

کیان منظوری ندارم.

درنا	پس چی می‌گی؟
کیان	هیچی... یعنی می‌گم... خب انتخاب که نمی‌کنی، یا چه‌می‌دونم، واسه ارزش هنری و اینا، می‌ری هنرپیشه‌های محبوبتو ببینی و چاق سلامتی با دوست و آشناها و حال و هوای تهران و...
درنا	خب تو هم که میای باهام.
کیان	معلومه که میام! تو هر جا بری من میام!
درنا	(باز خودش را لوس می‌کند) یعنی این‌قدر دوستم داری؟
کیان	چه جورم!
درنا	بگو چه‌قدر؟ بگو چه‌قدر؟
کیان	(دست‌هاش را از هم باز می‌کند و با لحن بچگانه) این‌قدر!
درنا	(بوسه‌ای تند و کوچک به نوک دماغ کیان) اینم جایزه‌ت!
کیان	ولی بیشتر میام که ندزدنت!
درنا	کیان؟
کیان	پس چی؟ با اون دوست و آشناهای سبیل در سبیل! (ادا در می‌آورد و با چنگ‌های گشوده درنا را مثلن می‌ترساند) گربه را بین که دُم عَلَم کرده! گوش‌ها تیز و پشت خم کرده!
درنا	لوس!

صدای افتادن یا شکستن چیزی از بالا می‌آید. هر دو جا می‌خورند و با تعجب به بالای پله‌ها نگاه می‌کنند. دری محکم باز و بسته می‌شود. بابک از پله‌ها پایین می‌آید و سلام می‌کند. دقیقه‌ای بعد و با فاصله، میترا هم پایین می‌آید.

بابک   به به، عشاق جوان! چه عجب این‌طرفا!

درنا   سلام! ببخشین ما بی‌خبر و بدموقع اومدیم.

کیان   سلام رئیس! بی‌تعارف زدیم اومدیم دیگه!

بابک   نه بابا خواهش می‌کنم، خیلی هم خوش اومدین!

درنا   خواستیم میترا جونو سورپریز کنیم! واسه تولدش!

بابک   آره شنیدم، می‌دونم! منم راستش طرحم همین بود! فکر کرده بودم این بچه‌ها که بیان، کیکی هم سفارش می‌دیم اوبر بیاره و اساسی سورپریز می‌شه!

میترا که پایین رسیده، حرف‌های بابک را می‌شنود.

میترا   چه سورپرایز پارتی‌ای می‌شد! با اون اعجوبه‌ها!

بابک   نه خب اونا که زیاد نمی‌مونن، فکر کرده بودم به شما و چند تا از بر و بچه‌های دیگه هم زنگ بزنم، ولی خواستم صبر کنم تا همین دم آخری که دیگه قضیه‌ی تعارف و کادو و این حرف‌ها نباشه، فقط دور هم باشیم و حالی بکنیم!

میترا زیرچشمی نگاه تندی به بابک می‌اندازد، با لبخندی تصنعی به درنا و کیان:

میترا   بازم ممنون عزیزم، خیلی خوشحالم کردین! (رو به بابک، سرد) از بچه‌ها پذیرایی کن. من یه سری به آقاجونت و پویان بزنم.

تند رو می‌گرداند، تلفنش را از روی میز برمی‌دارد و دوباره بالا می‌رود. بابک به سوی دستگاه پخش صوت می‌رود و سی‌دی‌های کنار آن را وارسی می‌کند، کتاب را می‌بیند. آن را پشت سی دی‌ها پنهان می‌کند.

بابک   خوب، موزیک چی دوست دارین؟

کیان   همین خوبه بابک جان، بیا بشین ببینیمت یه دقیقه.

بابک به سوی میز مشروب‌ها می‌رود. لیوانی برای خودش می‌ریزد. برمی‌گردد و کنارشان می‌نشیند. هر سه کمی به هم نگاه می‌کنند و لبخند می‌زنند و سر تکان می‌دهند. لحظاتی سکوت. بابک لیوانش را بالا می‌برد.

بابک   سلامتی!

درنا و کیان هم لیوان‌هاشان را بالا می‌برند.

درنا   (به بابک) میترا جون حالش خوبه؟

کیان نگاهی نگران به درنا می‌اندازد.

بابک   آره. چه‌طور مگه؟

درنا   یک کم لاغر شده.

کیان   (پوزش‌خواه به بابک) درنا آخه میترا رو خیلی دوست داره! یک کم...

بابک   جدی؟ فکر نکنم.

کیان	(به درنا) من که گفتم، لابد کار و خستگی و نمایش و این حرفا...
بابک	نمی‌دونم رژیم گرفته شاید، واسه همین تئاترش. (می‌خندد) شما خانوما هم که ماشالله دست به رژیم‌تون بد نیست.

درنا با لبخند سردی سرش را پایین می‌اندازد.

کیان	باز تو از این شوخی‌ها کردی؟
بابک	خوب راست می‌گم دیگه! (به درنا) حالا شما که نه، ولی چهل به اونور دیگه یوگا و رژیم می‌شه یک پای ثابت زندگی خانم‌ها! وگرنه زرتی بعدش منوپاز و دیگه درست بشو نیست!
درنا	(بلند می‌شود) ببخشین، کیان تو می‌دونی دستشویی کدوم طرفه؟
بابک	اون گوشه در دومی ته راهرو.
درنا	مرسی.

به سمت دستشویی می‌رود.

کیان	زبونت به حال خود نیست، مخت هم کار نمی‌کنه؟
بابک	چیز بدی گفتم؟ خوب شوخیه دیگه.
کیان	همین الآن از کلاس یوگا برش داشتم.
بابک	ای بابا!

کیان به این چیزا یه خورده حساسن دیگه. باید حواست باشه. (مکث) کار و بار شرکت چه‌طور پیش می‌ره؟

بابک بدک نیست.

کیان اون خونه کلنگیه ته اسکاربورو کاراش تموم شد؟

بابک آره. صاف و صوفش کردیم و یه دِک هم زدیم پشتش.

کیان خوب بده بذارمش تو لیست دیگه.

بابک می‌دم. فینیشِ بِیس‌مِنت‌ش هنوز یه هفته دیگه کار داره.

کیان پدر؟

بابک اونم خوبه. خوب که چه عرض کنم. هست. اساسی داغونیم دیگه. تو هنوزم سیگار می‌کشی؟

کیان نه، درنا خیلی بدش میاد. از این الکتریکی‌ها دارم. سه ماهی می‌شه.

بابک به دردی هم می‌خوره؟

کیان از هیچی به‌تره.

بابک خب، پس بریم رو بالکن من یکی بکشم.

لیوان‌هاشان را برمی‌دارند و به سوی بالکن می‌آیند و کنار نرده‌های آن می‌ایستند. کیان سیگار الکتریکی‌اش را دود می‌کند و بابک سیگاری روشن می‌کند. به منظره‌ی روبه‌روشان نگاه می‌کنند.

بابک (نگاهی به داخل) خب، حالا چه‌جوریا هستین با هم؟

کیان درنا؟ خوبیم. آره.

بابک یه شونزده هیفده سالی باید باشه فاصله‌تون، نه؟

کیان نه بابا، کمترک..

بابک بیست و هفت هشت سالشه دیگه، نه؟

کیان همچین..

بابک دمشم گرم. (می‌زند پشت کیان) دم شما هم گرم! دنیا محل گذره، بزن حالشو ببر!

کیان زر نزن دیگه!

بابک نه خب منظور بدی ندارم که، ولی حواست باشه عاشق پاشق نشی که با سر رفتی به گا!

کیان باز تو شروع کردی؟

بابک نه جان کیان، واسه خودت می‌گم. این جووناى تازه مخشون یه جاى دیگه چراغ می‌زنه.

کیان اینجوریام نیست. بچه‌هاى خوبی‌ان. خیلی حالی‌شونه.

بابک یعنی می‌خواى بمونی باهاش؟

کیان آره خب، چشه مگه؟

بابک چی بگم والله. مبارکه. پیر شین به پاى هم! گفتی چکار می‌کنه؟ درس می‌خونه؟

کیان آره فیزیوتراپی. مدرک ایران‌شو داره، اینجام داره تکمیلش می‌کنه.

بابک خوبه خب. اون‌وقت پول مول از کجا میاره؟

کیان OSAP می‌گیره. کارم می‌کنه، یه وقتایی. منم هستم بالاخره..

بابک (نگاه و پوزخندی تند) شوگر ددی شدی خاک بر سر؟

کیان بکش بیرون دیگه تو هم! خب با همیم دیگه... از ایرانم یه چیزایی می‌فرسته باباش.

بابک دلار چار و هشتصد!؟

کیان آره سگ مصب خیلی ناجور شده! طفلکی چند وقته خیلی نگرانه.

بابک نمی‌خوان بیان این‌طرفا؟

کیان کی؟

بابک ننه باباش.

کیان حالا حالاها فکر نکنم، با این وضع سفارت. باید بکوبن برن تا ترکیه.

بابک تو رو گفته به‌شون؟

کیان آره گفته فکر کنم. می‌گه گفته. (نگاهی به داخل) دیر کرد.. تو هم با این شوخیای خرکی‌ت...

بابک چی شده حالا مگه؟ یعنی بر خورد به شازده خانم؟ ای بابا!

کیان شایدم داره آرایشی چیزی می‌کنه.

بابک (نفس بلندی می‌کشد و به دوردست نگاه می‌کند) این شهر دیگه به لعنت خدا هم نمی‌ارزه. خسته‌ام ازش.

کیان مال کار و گرفتاری‌هاست. اون خونه‌هه رو بده بندازیم بره، یه وکیشن بزن تو رگ.

بابک تورنتو زشت بود، روز به‌روزم داره زشت‌تر می‌شه.

کیان شهرها رو آدم‌هاش می‌سازن. زشتی و زیباییش مال آدم‌هاییه که توشن.

بابک یا هی زرت و زورت میان توش!

کیان (نگاهی نگران به داخل، سپس به بابک) چیه؟ این پسره اعصاب‌تو خورد کرده؟

بابک کدوم پسره؟

کیان همین یارو، جوجه معمار تازه‌تون، همینی که امشب دعوتش کردی.

بابک قبر باباش هر گهی تو ایران دل‌شون خواسته خوردن و حالام اومدن اینجا رو آباد کنن. شیش ماه نیست رسیدن، هفته‌ی دیگه می‌خواد بره ایران. اون‌وقت من پیرارسال، بعد از پونزده سال تونستم دوباره یه سر برم، اونم واسه کارهای بابا.

کیان خب خودت نخواستی.

بابک چی چی رو خودم نخواستم؟ مگه می‌شد؟

کیان بالاخره ربطی به اینا نداره.

بابک هیچی‌شون به آدم نرفته. الاغ تمام ماه رمضونو روزه بود. حالا مشروبم می‌خوره ها. هم از توبره هم از آخور.

کیان برای همین خیرات کردی شام بدی به‌شون؟

بابک (مکث. نفسی می‌کشد و نیم‌نگاهی به داخل) یه فکرایی تو سرمه.

کیان چی؟

بابک یارو پسره تو تهران کلی دوست و آشنا داره.

کیان خب؟

بابک خرشونم میره.

کیان چه خیری‌ش به تو می‌رسه؟

بابک عکس عروسی‌شونو نشونم داد، یکی از این آخوندای کله گنده خطبه‌ی عقدشونو خونده!

کیان مرگ من؟ یعنی بسیجی مسیجیه؟

بابک نه اون‌جوری. از این بچه‌های مدل جدید. سه تیغه، اصلاحاتچی و اینا... دایی‌شم تو دوبی صرافه.

کیان عجب! خب، چی تو کله‌ته؟

بابک هیچی، یه حرف‌هایی زدیم، رو هواس هنوز، یه چند قلم جنس، صادرات واردات طوری.

کیان تو مگه تجارت سرت می‌شه؟ باز بگی من...

بابک همین‌جوری گفتیم بند و بست‌های اون‌ور با آشناهای اون، کار مارای قانونی این ور هم با من و شرکت. سوابق شرکت. بالاخره هفت هشت ساله این شرکت اینجا سابقه داره. همه‌ی تکس مکس‌هاشم سر وقت دادیم.

کیان همه چی تمیزه؟ شک نکنن بیان سر وقتت؟

بابک تمیز تمیز. حسابدارمون میتراست دیگه. حواسش جمعه.

کیان خوب جرات داری. چند وقته مگه می‌شناسی طرفو؟

بابک بابا تانک و هواپیما که نمی‌خواد بفرسته اون‌ور! یه چار قلم جنس..

کیان چه جنس‌هایی مثلن؟ می‌خواد بیاره؟ یا ببره؟

بابک دقیق نمی‌دونم هنوز. قراره بشینیم تنظیم کنیم.

کیان امشب؟

بابک نه بابا. (نگاهی سریع به هال) جلو میترا چیزی نگی یه وقت؟ امشب گفتم بیان یه حالی به‌شون بدم. رومون بازتر شه.

کیان   چی بگم والله...

بابک   دیگه دارم می‌کشونم بلکه جور شه و بلیت ما هم ببره بعد عمری. (به سیگارش پک می‌زند و سر تکان می‌دهد) زنش پریروز اومده بود نهار بیاره واسه‌ش، از من می‌پرسه انتخابات رئیس جمهوری به کی می‌خواین رای بدین! حالا لابد باید باهاشون بریم رای هم بدیم!

کیان   (می‌خندد) خب بچه‌های این نسلن دیگه. تو اون فضا بزرگ شدن. دنیاشون همونه.

بابک   ریدم تو دنیاشون!

کیان   (تند به داخل خانه نگاهی می‌اندازد) چته تو؟ خب درنا هم همین جوریه دیگه!

بابک   (او هم نگاهی به داخل می‌اندازد، بعد به کیان) جدی می‌گی؟ روزه و بساط؟ پس چه جوری ... ؟

کیان   نه، منظورم نماز و روزه نبود، اوضاع مملکتو می‌گم. اونم می‌خواد بره رای بده. یا سر پرچم مثلن.

بابک   به پرچم چکار داره؟

کیان   سر مسابقات جام جهانی رفته بودیم پرچم بخریم بزنیم رو ماشین، نزدیک بود بحثمون بشه.

بابک   پرچم آخوندی دوست داره؟

کیان   نه. بحث دوست داشتن نبود. من یه دونه از این شیر و خورشیدی‌ها برداشتم، اون دولتی‌شو برداشته بود و

می‌گفت پرچم‌مون الآن اینه تو دنیا، همونم باید بزنیم.

بابک   خب تو چی گفتی؟

کیان   هیچی دیگه، یک کم بحث‌مون شد. بعدش دیدم راست می‌گه، کوتاه اومدم.

بابک   فاک! خاک تو اون سرت! این‌قدر عاشقی؟

کیان   نه خب، می‌گفت پرچمو می‌خوایم بزنیم رو ماشین که خارجیا بدونن طرفدار تیم ایرانیم، با اون یکیا نمی‌فهمن.

بابک   ده‌ه؟ اون‌وقت با این‌یکیا می‌فهمن؟

کیان   آره خب، لابد..

بابک   دل‌تون خوشه شماهام به‌خدا! اینا از ده میلیونش بپرسی ایران کجاست یکی‌شون می‌گه پایتخت بغداده اون‌یکی می‌گه تو حومه‌ی قندهار!

چند لحظه سکوت.

بابک   (با افسوس سر تکان می‌دهد) اومدن این سر دنیا که اینجا را هم با پرچم‌های هِندی‌شون آباد کنن. فاک!

کیان   بی‌خیال دیگه تو هم. چه اهمیتی داره مگه حالا..

بابک   اونجا روکه افغانیا اومدن ریدن بهش، حالا این‌ورم اینا.

کیان   گیر نده دیگه! خودمون که زودتر اومدیم!

بابک   ماها از شکم سیری نیومدیم. (نفس بلندی می‌کشد) ای

بابا! این همه شهر قشنگ تو تاریخ رفت به گا، اینم روش. راست می‌گی. عینهو مغول‌ها ریختیم توی شهرهای دنیا و شاشیدیم به هر چی که بود و نبود. فکر می‌کردیم میایم بیرون، یاد می‌گیریم تهران رو شبیه تورنتو کنیم و برمی‌گردیم. حالا تورنتو داره شبیه تهران می‌شه.

کیان خب اینام که عاشق چشم و ابروی تورنتو نبودن، دلشون همون تهرون رو می‌خواد، بدون گشتِ حجاب و آخوند بازی‌هاش.

بابک چند وقته دارم فکر می‌کنم بار و بندیلو ببندم برم ونکوور.

کیان ونکوور؟

بابک آره. با این پسره اگه به جایی نرسه، دیگه تحمل ندارم. هزینه‌ها داره ترتیب‌مو می‌ده. اساسی!

کیان شما که دوتایی‌تون کار می‌کنین.

بابک نمی‌رسه. باز این قرض و قسط‌ها اگه نبود می‌شد یه جورایی سر کرد. ولی دیگه داغون داغونم. جان کیان چند هفته‌س چارشنبه‌ها بلیت می‌خرم.

کیان لاتاری؟

بابک آره. می‌گم خدا رو چی دیدی بلکه یهو زد و از این گند و گه در اومدیم. دو روز دیگه‌م پنجاه و ... خلاص! تخمی تخمی عمر و جوونی‌مون رفت به فاک فنا...

کیان حالا چرا ونکوور از همه جا؟

بابک خیلی تر تمیزتر از اینجاست. چار قدم بالای سانفرانسیکو. آب و هوا معتدل، کوه. جنگل. اقیانوس. یه کوه داره عین دماوند!

کیان بارونیه می‌گن همه‌ش.

بابک حالا خب یه چترم می‌گیریم دستمون!

کیان تو هم گرفتی ما رو ها! کار و بار چی؟

بابک چه گیری دادی حالا! همه‌ش آیه‌ی یأس!

کیان چی بگم خب؟ یهویی جا کن شدن.. من که والله از این جرات‌ها ندارم.

بابک شرکت رو اونجا هم می‌شه راه انداخت. بالاخره بی‌کار نمی‌مونم. سوابق اینجا رو می‌شه زد پس رزومه و یه مدت کار کرد. تو هر شهر بزرگی بالاخره یه گوشه‌اش کار واسه امثال من هست.

کیان میترا و پویان چی؟ راضی‌ان؟

بابک به میترا نگفتم هنوز. شاید خودم تنهایی برم یه چند وقت...

درنا همچنان که با ته خنده‌ای نگاهش به تلفنش است، از دستشویی بیرون می‌آید، چیزی تایپ می‌کند، سپس نگاهی به فضای خالی می‌اندازد.

درنا کیان؟

کیان اینجاییم، رو بالکن. بابک سیگار می‌کشه.

درنا به بالکن می‌آید و کنار کیان می‌ایستد و خودش را به او می‌چسباند.

کیان (به بابک) قضیه‌ی اون کلاغه رو شنیدی که هی لونه‌شو عوض می‌کرد؟

بابک آره! شونصد بار!

درنا من نشنیدم، چیه؟

کیان (به درنا، با نگاه‌هایی به بابک) آقا کلاغه هی دم به ساعت لونه‌شو ول می‌کرد و می‌رفت از این درخت به اون درخت و با هزار زور و زحمت یه لونه‌ی تازه می‌ساخت. ازش پرسیدن چرا یه جا بند نمی‌شی؟ گفت آخه دو روز نگذشته لونه‌م پر از فضله می‌شه. گفتن برادر کون‌تو باید عوض کنی، نه لونه‌تو.

بابک بدبختی اینه که کلاغای ما یکی دو تا نیستن!

کیان همه‌ی کلاغا اون‌وقت تو لونه‌ی تو فضله می‌ندازن؟

بابک نه! ولی جنگل رو به گه می‌کشن، پرچم به دست!

درنا (به کیان) پرچمِ چی؟

کیان هیچی، شوخی می‌کنه. (به بابک) خب کشیدی؟

بابک آره. بریم تو دیگه.

به هال برمی‌گردند. بابک دلجویی می‌کند.

بابک   درنا جان، کیان گفت شما از سیگار بدت میاد، رفتیم رو بالکن که اذیت نشی.

درنا   مرسی لطف کردین! میترا جون نیومد پایین؟

بابک   پویان درگیرش کرده حتمن. الآن صداش می‌کنم.

درنا و کیان می‌نشینند. بابک به کنار راه پله می‌رود.

بابک   میترا؟ بچه‌ها واسه تو اومدن، حوصله‌شون سر رفت. (برمی‌گردد به طرف کیان و درنا، و نگاهی به ساعتش می‌اندازد) این انچوچکام چه‌قدر دیر کردن.

کیان   ترافیک سنگین بود ما که میومدیم.

بابک   گواهینامه نداره هنوز.

کیان   پس چه جوری میان؟

بابک   چه می‌دونم. اوبر لابد.

کیان   خب اونم ماشینه دیگه!

بابک   آره راست می‌گی. مغزم داغ کرده به‌خدا! (رو به بالا) اومدی؟

میترا از پله‌ها پایین می‌آید.

درنا   خسته نباشی میترا جون! پویان خوبه؟

میترا   مرسی آره خوبه. یک کم درس و مشق داشت.

به سوی مشروب‌ها می‌رود و لیوانی برای خودش پر می‌کند و همان‌جا می‌نوشد. هم‌چنان که لیوانش را دوباره پر می‌کند، نگاهی به درنا و گیلاس خالی شرابش می‌اندازد.

میترا ببخش درنا جان، الآن شراب رو میارم سر میز. (به کیان) آبجوها توی یخچاله کیان، میاری واسه خودت یا بیارم؟

کیان (برمی‌خیزد) نه مرسی میارم (به بابک) تو؟

بابک لیوان مشروبش را نشان می‌دهد و سر تکان می‌دهد. میترا هم‌چنان که بطری شراب را می‌آورد سر میز، نگاهی به اطراف می‌اندازد و دنبال چیزی می‌گردد. به بابک:

میترا این کتاب من کو؟

بابک کدوم کتاب؟

میترا کتاب دکتر. کادوم. می‌خوام به بچه‌ها نشونش بدم.

بابک با اخم به او خیره می‌شود. کیان با آبجویی در دست از آشپزخانه برمی‌گردد.

میترا (به کیان و درنا) دکتر نمایششو رو تموم کرده و چاپش کرده.

درنا اوا راستی؟

میترا تقدیمش کرده به من!

درنا به به تبریک می‌گم! چه جالب!

بابک سرش را پایین می‌اندازد. آشکارا خشمگین است.

میترا   جایی گذاشتیش؟

بابک تند و عصبی بلند می‌شود و کتاب را از پشت سی‌دی‌ها در می‌آورد و روی میز می‌اندازد و راه می‌افتد طرف راه پله.

کیان   کجا؟

بابک   میرم به بابا سر بزنم.

میترا   بابک خوشش نیومده.

درنا   اوا چرا؟

میترا   از خودش بپرس.

می‌رود و بطری مشروبش را می‌آورد سر میز و دوباره لیوانش را پر می‌کند و می‌نوشد.

درنا   چیزی شده میترا جون؟

کیان   این مهمونی اجباری اعصابتو خورد کرده؟

میترا   نه.

کیان   پس چی؟ (مکث) بابک؟

میترا نگاهی به راه پله می‌اندازد و پوزخند می‌زند و سرش را تکان می‌دهد.

کیان   دیگه چه آتیشی سوزونده؟

میترا   هیچی.

کیان   بگو دیگه.. درنا که غریبه نیست!

میترا   می‌دونم، چه حرفیه. چیز مهمی نیست... هیچی... باباش. یک ساله همه چیز زندگی‌م رفته رو هوا.

درنا   مگه پرستار نگرفتین واسه‌ش؟

میترا   هفته‌ای سه روز بیشتر نمیاد که. بقیه‌اش گردن منه. خودشم که هیچ. انگار نه انگار. این بچه الآن چند هفته‌س که باباشو درست حسابی ندیده. هرشب تا دیر وقت تو شرکت، ویکندها هم...

کیان   خوب تا ابد که نیست، یه دوره‌س، می‌گذره. گرفتاره دیگه، الآن داشت همینو...

میترا   دیگه جونم به لبم رسیده بس که لگن گذاشتم زیرش و ورداشتم. اصلن آدم به اینجا که برسه باید یه جوری خودشو خلاص کنه. چی دیگه از جون زندگی می‌خواد؟

کیان می‌خندد.

میترا   به چی می‌خندی؟

کیان   به همین حرف‌هات! طرف دیگه «چی از جون زندگی می‌خواد»!

هر سه می‌خندند.

درنا   من که فکر نکنم آدم هیچ‌وقت بتونه از زندگی سیر بشه. تو می‌تونی کیان؟

میترا   من یکی که می‌تونم. حالا گیرم نه الآن، ولی دیگه نه وقتی که افتاده باشم یه گوشه و یکی باید دم به دقیقه

نبض و فشارمو چک کنه، یکی غذا بپزه برام، یکی قاشق دهنم بذاره، یکی شاشمو پاک کنه، یکی ...

کیان خیلی خب فهمیدیم دیگه!

میترا من همون اولین روزی که نتونم پیرهنمو بکشم تنم، خودم و بقیه رو خلاص می‌کنم.

کیان اگه نتونی پیرهنتو تنت کنی چه‌جوری می‌خوای خودتو خلاص کنی؟ نفس‌تو نگه می‌داری تا جونت در بره؟

درنا وای این چه حرفیه میترا جون؟ ماها به امید شماها میایم این سر دنیا. پشت و پناه‌مونین!

کیان آدما از این جور زرها زیاد می‌زنن.. وقتش که برسه قصه عوض می‌شه. آدم تو پیری دوباره بچه می‌شه. دیگه دست خودش نیست.

میترا یه جور لجبازیه فکر می‌کنم. یه جور انتقام.

درنا آره.. البته دور از جون تو، ولی روانکاوها می‌گن خودکشی یه جور انتقام از خوده، یا از یکی دیگه.

میترا (اشاره به بالا) اونو می‌گم.

درنا آها! (می‌خندد)

کیان تو که خودت همه‌اش اصرار می‌کردی که باباش بیاد اینجا؟

میترا سر تکان می‌دهد و به دور دست خیره می‌شود.

کیان صبر کن ببینم، من تو رو می‌شناسم، مشکل تو این نیست،

میترا، به من نگاه کن. چیز دیگه‌ای اذیتت می‌کنه؟

میترا به کیان نگاه می‌کند، بعد به جایی ناپیدا در روبه‌رو. کیان اشاره‌ای به درنا می‌کند. درنا بلند می‌شود و ظرف‌هایی را برمی‌دارد و به آشپزخانه می‌برد.

کیان خبری شده باز؟ نه بابا فکر نکنم... آخه شماها که دیگه... میترا، اگه ککی هم باز به تنبونش افتاده باشه سرش به سنگ می‌خوره و عین اون بار دمش لای پاهاش برمی‌گرده. بابکه دیگه... بی‌خودی این‌قدر خودتو آزار نده. ولش کن.

میترا سرش را آرام برمی‌گرداند طرف کیان و نگاهش می‌کند ولی انگار نمی‌بیند. پلک می‌زند و روی خود را باز برمی‌گرداند. بعد به گیلاس مشروبش نگاه می‌کند و بین انگشت‌ها می‌چرخاندش. پوزخند می‌زند.

میترا ولش کردم. کاری به کار چیزی ندارم.

کیان پس چیه دیگه؟

میترا هیچی. چی بگم. نمی‌فهمی. باید زن باشی تا بفهمی.

کیان حالا بگو شاید فهمیدم.

میترا چند لحظه خیره به او نگاه می‌کند، بعد سرش را پایین می‌اندازد.

میترا هفته‌ی پیش بیل کردیت کارتش اومد...

کیان خب؟

میترا بازش کردم. واسه حساب‌های شرکت...

درنا از آشپزخانه بیرون می‌آید. میترا حرفش را قطع می‌کند و سرش را پایین

می‌اندازد. درنا متوجه می‌شود و راهش را ادامه می‌دهد به طرف دستشویی.

میترا نمی‌فهمی کیان. تو هیچ‌وقت این همه سال با یکی زندگی نکردی. یه چیزی داره ته استخونام می‌سوزه و جلز و ولز می‌کنه. عصبانی‌ام. نمی‌دونم. تلخم.

کیان این‌قدر مهمه برات؟

میترا مهم نیست. آره بود. ولی... مسئله اون نیست. باباشم نیست. نمی‌دونم. یه چیزی توم شکسته همه چی رو کوفتم می‌کنه. حق من از زندگی این نبود. این نیست.

کیان خب می‌خوای همین جوری غمباد بگیری و خودتو از کار و زندگی بندازی؟ که چی بشه؟

میترا چکار کردم مگه؟ از کدوم کار و زندگی افتادم؟ کارمو ول کردم؟ رفت و آمدهامو قطع کردم؟ خورد و خوراک ندارم؟ چه‌مه مگه؟ حوصله نداری پاشو برو، بیخودی زر مفت نزن.

کیان خودت داری می‌گی حقت این نیست، می‌گم یعنی می‌خوای همین‌جوری بشینی و توی خودت جلز و ولز کنی؟

میترا خب چکار کنم؟ یهو پاشم انقلاب کنم و یک‌سره‌اش کنم؟

کیان یک‌سره؟ نه خب، نه.. منظورم..

میترا آره. خیلی وقت پیش باید تمومش می‌کردم. ولی با این اوضاع...

کیان هووووم... چی بگم... منظور من این نبود، ولی.. آره خب،

اینم... یعنی اگه نیازی بهش نداشتی.. آره... می‌شد بری اون‌جوری که فکر می‌کنی حقته زندگی کنی.

میترا (با کمی حیرت) به همین سادگی؟

کیان نه خب، می‌گم یعنی... گفتم اگه می‌شد و اگه نیازی بهش نداشتی و ...

میترا (پوزخند و ناباور) از هر کی بگی انتظار این حرفو داشتم جز تو! (نگاهی به راهرو، سپس یواش‌تر) انگار حسابی بهت ساخته ها! شیر شدی!

کیان (رنجیده) اولین آدم دنیا نیستی که طلاق می‌گیری!

میترا (نگاهی با حیرت به کیان، بعد رو می‌گرداند) تو بچه نداشتی.

کیان چه فرقی می‌کنه؟

میترا نمی‌کنه؟

کیان نمی‌دونم...، ولی... خب صد هزار تای دیگه که داشتن.

میترا حالا تو یه بار تو زندگی‌ت عرضه کردی یه قدمی ورداری، دیگه شد دستورالعمل جهان‌شمول؟

درنا برمی‌گردد. کیان نگاهی به او می‌کند و جوابی به میترا نمی‌دهد. درنا می‌نشیند، پس از نگاهی به آن دو:

درنا میترا جون نمی‌شه پدر بابک رو ببرین یه خونه‌ی سالمندانی، جایی؟

کیان با نگاه تند و ترسیده‌ای به درنا، اشاره می‌کند به طبقه‌ی بالا.

درنا (صداش را پایین می‌آورد) نه خب طفلکی راست می‌گه، خیلی سخته این‌جوری. کاش ما هم می‌تونستیم کمک کنیم. اونم گناه داره. وای یهو یاد بابام افتادم. دلم واسه‌ش یه ذره شده!

کیان (خودش را لوس می‌کند) آخی! قربونش برم که دلش تنگ شده! به زودیِ زود می‌ریم دیدنشون!

درنا (کمی عصبی) دوباره این بحثو شروع نکن کیان! چند بار گفتم که، خودم باید زودتر برم یه سر. (نگاهی به میترا) حالش زیاد خوب نیست. می‌ترسم یه اتفاقی بیفته دیگه نبینم‌شون.

کیان نرو باز دیگه تو این فاز! این کاندوهای بی ویو الآن رو بورسه. دو تای دیگه‌شو بفروشم، دستمون حسابی باز می‌شه. آخر تابستون با هم یه سر می‌ریم. چیزی نمونده دیگه!

میترا (حواسش به آنها نبوده) همیشه دلم می‌خواست یک جور عجیب و بی‌همتا بمیرم. از همون بچگی. فکر می‌کردم یه آدم خیلی معروف و محبوبی می‌شم که یه کار خیلی مهم یا خیلی یونیکی می‌کنه و بعدشم خیلی یونیک می‌میره! مثلن توی یک توفان وحشتناک. یا سقوط هواپیماش روی یکی از کوه‌های یخ‌زده‌ی آلپ. زیر یک بهمن عظیم. شبی که برف آسمون و زمین رو گرفته و چشم چشم رو توی اون تاریکی سفید نمی‌بینه. گم شدن توی یک لابیرنت سفید بی‌انتها.

کیان (با تمسخر) توی اقیانوس چی؟ با یکی از این کروزهای پر

زرق و برق، تایتانیکی! هم زیارت هم تجارت!

میترا (به تمسخر کیان توجهی نمی‌کند) نه. غرق شدن رو هیچ‌وقت دوست نداشتم. از دریا متنفرم. هیچی از یه لابیرنت یخ‌زده‌ی سفید زیباتر نیست. سرما... سرما... ذره ذره کند شدن و بی‌حس شدن... ذره ذره از هوش رفتن... ذره ذره جدا شدن از یک دنیا و فرو رفتن توی یه دنیای دیگه.. دنیای محو یخ.. ذره ذره توی سردی و سفیدی تحلیل رفتن.. ذره ذره تموم شدن..

کیان خب، پس حل شد دیگه، تو هم بزن این شعرهاتو چاپ کن، بعدش دسته جمعی بکوبیم بریم آلاسکا!

درنا این حرف‌ها رو نزنین تو رو خدا. دلم گرفت.

کیان مرگ باید خودش برسه.

میترا (پوزخند) مگه این که دیر برسه!

کیان چه بهتر!

درنا میترا جون تو رو خدا بی‌تعارف هر کمکی از من بر میاد بگین. من به‌خدا خیلی دوست‌تون دارم، دلم می‌خواد کلی چیز ازتون یاد بگیرم. کیانم که اینجا فقط شما رو داره.

کیان راست می‌گه درنا. زندگی زیباست ای زیباپسند! من یکی که اون‌قدر بهانه و دلیل واسه زندگی دارم که مطلقا نخوام به مردن فکر کنم.

میترا چی مثلن؟

کیان همه چی. همه چی. همین دیدار دوستان، لذتای زندگی، این همه زیبایی، این همه آرزو، (رو به درنا) این پرنده خانم خوشگل شیرین زبون! (سر بر شانه‌ی هم می‌گذارند)

میترا آرزو.. وقتی بدونی آرزوهات دست نیافتنی هستن چی؟

کیان آرزو اسمش روشه، خودِ داشتنش، خودِ خواستن‌شه که قشنگه.

میترا از دست دادن چی؟ اسیر بودن چی؟ تباه شدن؟

کیان فکر می‌کنی اسیر بودن سخت‌تره یا ترس از اسارت؟ ها؟ به‌قول درنا، فکر می‌کنی سخت‌تره که نتونی از خونه‌ات در بیای یا بتونی در بیای ولی بترسی توی خیابون موشک بهت بخوره، یا اصلن همون خونه‌ات آوار بشه روی سرت؟ با هر کی و هر چی که می‌شناسی و دوست داری؟

میترا بحثو بیخودی به جنگ نکش. منظور من یه چیز دیگه بود.

درنا وای که من هر چیزی رو به جنگ ترجیح می‌دم. کیان می‌دونه. (کیان با حرکت سر تایید می‌کند) اون‌قدر نگرانم این روزا. حاضرم صد سال دیگه مقنعه سرم کنم ولی جنگ نشه. شماها خیلی وقته بیرونین میترا جون، یادتون رفته. این کانادای احمقم با این بستن سفارت و تحریم‌های کوفتی...

میترا نه یادم نرفته. منم جنگ رو دیده‌م. تو شنیدی فقط. بچگی من همه‌اش توی وحشت از موشک‌بارون گذشت. اون سال‌های اول اینجا وقتی صدای آژیر پلیس می‌شنیدم فکر می‌کردم آژیر قرمز جنگه و قلبم از ترس می‌گرفت، چشمام

بی‌اختیار توی آسمون دنبال نور موشک و ضدهوایی می‌گشت و می‌دویدم تا خودمو یه جای تاریک پنهون کنم. ولی از اون ورم تا چشمم به یکی از این اس یو وی‌های سیاه می‌افتاد می‌پیچیدم توی اولین کوچه یا مغازه و دستم بی‌اختیار می‌رفت طرف سرم تا روسری خیالی‌مو مرتب کنم که مبادا گشت‌های وحشی بهم گیر بدن و دستگیرم کنن. کلی گذشت تا بتونم باور کنم دیگه تو اون فضا نیستم و آزادم.

درنا   من راستش امنیت رو به آزادی ترجیح می‌دم. برای این که اگه امنیت داشته باشم می‌تونم آزادی رو هم به دست بیارم. دستکم براش مبارزه کنم. ولی اگه نباشم...

میترا   ترجیح می‌دم نباشم تا این‌جوری اسیر باشم. این‌جوری تحقیر بشم. آرزوهام روز به روز دورتر بشن و گم‌تر و کورتر ...

کیان   منظور منم فقط اون جور اسارت یا اون‌جور جنگ نبود. اتفاقن همین الآن قبل از این‌که بیای پایین با درنا می‌گفتیم چه‌قدر خوب که بعدِ این همه سال بالاخره داری بازی می‌کنی.

میترا   بعدِ این همه سال...!

درنا   آره راست می‌گه! به بابک گفتم خیلی خوشحالم واسه میترا جون و بهش حسابی حسودیم می‌شه!

بابک پایین می‌آید.

میترا   به من حسودیت می‌شه؟

درنا	آره! با این همه گرفتاری اون‌قدر هنرتو دوست داری که بازم بتونی براش وقت و انرژی بذاری!
میترا	کیه که بفهمه و قدر بدونه.
بابک	خیلی خیلی باید ببخشین! گفتم تا این بچه‌ها نیومدن یک کم پیش بابا باشم که همه‌ش تنها نمونه. خب، خوش می‌گذره؟ (به سوی آشپزخانه) یه آبجوی دیگه کیان؟

صدای زنگ

میترا بلند می‌شود راه می‌افتد به طرف در.

میترا	این باید ناهید باشه.

بابک در آستانه‌ی آشپزخانه می‌ایستد و رو می‌گرداند به سوی میترا، با حیرت:

بابک	ناهید؟ دوستت؟
میترا	آره. (دگمه‌ی باز کردن در را فشار می‌دهد)
بابک	اون دیگه چرا؟
میترا	عصری زنگ زد حالمو بپرسه، منم گفتم بیاد امشب.
بابک	بیاد چکار کنه؟
میترا	کارش داشتم. می‌خواستم ببینمش.
بابک	تو که می‌دونی من ازش خوشم نمیاد.

میترا	(با ته طعنه و پوزخندی سرد) آره می‌دونم. ولی دلم خواست اونم باشه.
بابک	آخه یه همچین شبی؟
میترا	(تلخ به او خیره می‌شود) آره، یه همچین شبی. مگه قرار نبود با دوستهام سورپرایزم کنی؟ کیک اوبریات را هم می‌تونی الآن سفارش بدی. با صد تا شمع!

کیان و درنا نگاهی به هم می‌اندازند و بلند می‌شوند.

کیان	خب، اگه اجازه بدین ما هم بریم دیگه.
میترا	(از کنار در برمی‌گردد) چرا پاشدین؟
درنا	ما اومده بودیم همین‌جوری یه سری بزنیم فقط، واسه تبریک تولدت.
کیان	شما هم که مهمون دارین و ... باقی قضایا.
بابک	(پوزخند) باقی قضایا!
میترا	نه بشینین، بشین درنا جان، بشین کیان، امشب مال منه. محاله بذارم برین.
بابک	(خشمش را قورت می‌دهد) من معذرت می‌خوام. امروز کار یه خورده خسته‌ام کرده. جدی جدی معذرت می‌خوام. من و میترا یه اختلاف نظر کوچولو داریم سر این دوستش، ولی اشتباه از من بود. بشینین!
کیان	حالا شایدم همون مهموناتون باشن.

بابک انگار یادش نبوده، لحظه‌ای گیج می‌شود. بعد سریع نگاهی به اطراف می‌اندازد. تند سر تکان می‌دهد، به طرف در می‌رود. کیان و درنا به هم نگاه می‌کنند و با تردید می‌نشینند. میترا هم می‌نشیند کنارشان و کتاب را برمی‌دارد و به صفحاتی از آن نگاه می‌کند. بابک لای در خانه را باز می‌کند و کنار در منتظر می‌ایستد.

میترا خوب چی می‌گفتیم؟ آره! کتاب دکتر!

درنا بازم تبریک!

میترا مرسی! آره خوشحالم! خیلی لطف کرده.

کیان چه‌طور پیش می‌ره؟

میترا عالی!

کیان اجراتون کیه؟

میترا دو سه ماه دیگه.

کیان یعنی می‌شه... آگست؟

درنا (به کیان) من هستم اون موقع اینجا؟

میترا (نفس بلندی می‌کشد) آخراش. (رو به بابک) بیا بشین، ناهیده.

بابک (با اخم و خودخوری) از کجا می‌دونی؟

میترا هیچی. وایستا. شایدم این‌جوری آشتی کردین.

بابک مردد می‌ایستد کنار در. لای در را باز می‌کند و سرک می‌کشد. تند

۷۰

خود را کنار می‌کشد و با خشم به میترا نگاه می‌کند.

میترا گفتم که!

بابک دکتره!

میترا (حیرت‌زده نیم‌خیز می‌شود) دکتر؟

بابک (به او نزدیک می‌شود) تو دعوتش کردی؟

میترا نه!

بابک پس واسه چی اومده؟

میترا من از کجا بدونم؟ مگه بقیه واسه چی اومدن!

بابک نمی‌داند چی بگوید. نگاهی به درنا و کیان می‌اندازد. به طرف میز؛ نزدیک آشپزخانه می‌رود.

میترا (با شوق به استقبال دکتر می‌رود و در را باز می‌کند) سلام دکتر! خوش اومدین!

دکتر وارد می‌شود. کمی می‌لنگد. کت و شلوار ساده ولی شیک، عینک، کلاه، کیف چرمی کوچکی بر دوش، عصا، با دسته گل و چمدانی کوچک. دسته گل را به میترا می‌دهد و روبوسی می‌کند.

میترا مرسی! (با اشاره به چمدان) اوا این چیه؟ جایی می‌خواین برین؟

دکتر نه، حالا می‌گم. تولدت مبارک! باید ببخشی بی‌خبر اومدم، ولی فکر کردم این‌جوری بهتره (بقیه را می‌بیند) به به، جمع‌تون هم که جمعه! عالی!

میترا   مرسی دکتر واقعا لطف کردین! بیاین تو! (معرفی می‌کند) کیان رو که می‌شناسین، پسر عموم، و دوستش درنا!

دکتر جلو می‌آید. با بابک و کیان دست می‌دهد و با درنا روبوسی می‌کند. چمدان را همچنان در دست دارد.

میترا   (با اشاره به چمدان) بدین بذارمش اونجا.

دکتر   (دستش را کنار می‌کشد) نه مرسی، نگهش می‌دارم.

جلوتر می‌آید و کتاب را روی میز می‌بیند.

دکتر   پس به‌موقع رسید!

میترا   آره همین نیم ساعت پیش! واقعا نمی‌دونم چه جوری تشکر کنم!

دکتر می‌خندد و دوباره گونه‌های میترا را می‌بوسد. میترا به طرف میز مشروب‌ها می‌رود.

میترا   از همیشگی؟

دکتر   از همیشگی!

دکتر می‌نشیند و کتابش را با لبخند تورق می‌کند. میترا با لیوانی مشروب به سوی دکتر می‌آید. دکتر لیوان را می‌گیرد و اول رو به میترا، بعد بقیه، بالا می‌برد.

دکتر   سلامتیِ میترا جان!

میترا   انتشار کتابتون!

دکتر به نشان تشکر سر تکان می‌دهد و همه می‌نوشند. بابک نگاهی به

ساعت می‌اندازد، بلند می‌شود و به طرف میز مشروب می‌رود. شیشه‌ای را نگاه می‌کند که تقریبا خالی است. کتش را برمی‌دارد و به طرف در می‌رود.

بابک (سرد) ببخشین، من حواسم نبود ودکاها ته کشیده. می‌رم لیکور استور یه چیزایی بگیرم و برگردم.

میترا چی دیگه می‌خوای بگیری؟ بچه‌ها هم که یه بطر آوردن.

بابک پاسخی نمی‌دهد و بدون خداحافظی بیرون می‌رود. همه به در نگاه می‌کنند.

کیان (با قصد رفع و رجوع، به دکتر) میترا جان اینا مهمون دیگه هم دارن، فکر کنم کیان نگران شد که مشروب کم نیاد.

دکتر پس فقط من بی‌دعوت اومدم؟

درنا نه آقای دکتر، ما هم همین‌جوری بی‌خبر اومدیم! همکارهای بابک جان...

میترا اونا رو دیگه ول‌شون کن. خب (به دکتر) اولا بازم خیلی خیلی تبریک، خیلی خوشحال شدم. چه جلد قشنگی هم داره!

دکتر مرسی! آره خودمم خیلی دوستش دارم!

میترا بعدشم واقعا نمی‌دونم چه‌جوری تشکر کنم. اصلن لازم نبود.

دکتر نه، تشکر لازم نیست. دلم خواست و حقت بود.

میترا نیم‌خیز می‌شود و با دکتر روبوسی می‌کند.

میترا حالا چی شد که زودی چاپش کردین؟

دکتر تموم شده بود دیگه. فکر کردم باید چاپ بشه که دیگه نخوام هی دست ببرم توش. این تشکر و تقدیم‌نامچه‌اش هم خواستم رسمی بشه و بمونه به یادگار.

میترا با شوق و لبخند سر فرود می‌آورد و با حرکت دو دست- شبیه سپاس ژاپنی‌ها - تشکر می‌کند.

درنا تبریک می‌گم. به هر دوتون! آره خیلی جلدش قشنگه. عین کارهای حرفه‌ای ایران.

دکتر مرسی! هم دلم می‌خواست به این روزا برسه، هم یه جریانی پیش اومد که... که انتشارش به این شکل و توی همین روزا برام خیلی جدی‌تر، و ممکن‌تر شد.

میترا چی؟

دکتر (نگاهی به در می‌اندازد، دستی به چمدانش که کنار پا گذاشته می‌کشد، به درنا و کیان) راستش شماها را که خبر نداشتم امشب، ولی... (به میترا) لیکور استور نزدیکه؟

میترا (تعجب کرده) آره.. سر چهار راه توی مال. چرا؟

دکتر اون‌وقت.. این مهمونای دیگه‌تون کی‌ان...؟

میترا (نفسی بلندی می‌کشد و بیرون می‌دهد) اونا....

درنا (به کیان) ما مزاحم نباشیم؟

دکتر نه نه نه، اتفاقن این‌جوری خیلی هم به‌تر شد! فکرشو

نکرده بودم، ولی خوبه! عالی!

میترا گیج و پرسشگر و اندکی نگران به دکتر نگاه می‌کند.

دکتر چیزی نیست نگران نباش، یه سورپرایز کوچولوئه فقط!

درنا وای چه جالب! خیلی سورپرایز دوست دارم!

کیان پس بزنیم به سلامتی سورپرایز دکتر!

درنا بازم بهت حسودیم شد میترا جون!

میترا وا! چرا؟

درنا گفتم که، کاری که دوست داری می‌کنی و معلومه که آقای دکتر هم خیلی راضی‌ان ازت و هی سورپرایز پشت سورپرایز!

میترا می‌خندد. به میز نگاه می‌کند.

میترا وای هیچی هم که نیاوردم براتون، دارین خالی می‌خورین.

کیان همه چی هست!

میترا نه بابا، یه مزه‌ای چیزی. (می‌رود به سوی آشپزخانه)

درنا (بلند می‌شود و در پی او می‌رود) صبر کن منم میام کمک.

میترا کمک نمی‌خواد چیزی نیست بشین راحت باش.

درنا توجهی نمی‌کند و هر دو به آشپزخانه می‌روند.

کیان   ایران چاپ کردین؟

دکتر   نه، همین‌جا. یعنی آمازون.

کیان   (نمی‌فهمد) آمازون؟

دکتر   ایران که نمی‌شد..

کیان   آها، ارشاد و ...

دکتر   به اونش فکر نکردم. بیشتر سرعتش برام مهم بود.

کیان   خب بله دیگه، برای تمرین‌ها و ...

دکتر   تمرین‌ها رو که با دست‌نویسم هم می‌شد کرد. ولی...

به آشپزخانه نگاه می‌کند، سپس به در، به ساعتش، به کیان، هر دو لبخند می‌زنند. میترا و درنا با سینی‌هایی و ظروفی از آشپزخانه برمی‌گردند و آن‌ها را روی میز می‌گذارند و می‌نشینند.

میترا   خب دکتر نگفتین!

دکتر   انگار خیلی عجله داری! خب، بشین می‌خوام یه سوال ازت بپرسم.

میترا   (می‌نشیند. شاد و مودب) بفرمایین!

دکتر   خب، خیلی خوشحالم که کتاب به موقع رسید دستت! البته چند نسخه هم آوردم با خودم (اشاره به چمدانش) محض احتیاط. (نفسی بلند. عقب می‌نشیند و لم می‌دهد) خب! همراه اون تقدیم‌نامچه، می‌خواستم یک تصمیم مهم را هم به عهده‌ی تو بگذارم. (مکث. با لبخند به میترا خیره

می‌ماند. میترا هم خوشحال، اما هاج و واج به او نگاه می‌کند) این‌که نمایش‌مون اجرا بشه یا نه.

میترا   (اخم می‌کند) چرا من تصمیم بگیرم؟ (نگران) از کار راضی نیستین؟

دکتر   نه، چرا، خیلی راضیم. ولی.. ببین، حواست با من هست؟ خب، می‌خوام فرض کنی، فقط فرض کنی که این متن رو خیلی دوست داری، و فرض کنی که به بهترین وجه هم اجرا خواهد شد. اینجا و چند جای دیگه...

میترا   چی شده؟ اسپانسر گنده پیدا کردین؟

دکتر   خوب دقت کن! بعدش، فرض کن زندگی‌ت یهویی یک تکون گنده بخوره. بشه جوری که هر تصمیمی بخوای، بتونی بگیری.. چه می‌دونم... فرض کن مثلن ارثی برسه. بلیتت ببره. از آسمون بیفته. اساسی. فرضه دیگه، ها؟ اون‌وقت بازم اجراش می‌کنی؟

میترا   خب... آخه... اینا همه فرضه.. اما و اگر داره.

دکتر   خب فرض کن دیگه، می‌خوام فرض کنی. عین یک کاراکتر. رو صحنه. حسش کنی. فرض کنی واقعیته. اون‌وقت توی اون شرایط، چکار می‌کردی؟

کیان   (به شوخی) تست هوشه آقای دکتر؟ ما هم می‌تونیم شرکت کنیم؟

دکتر آرام و با لبخند اما جدی، بی‌آن که نگاه از میترا بردارد، با حرکت دست کیان را ساکت می‌کند.

میترا نمی‌دونم چی بگم آخه.. خب.. اوووم... آره. فکر کنم آره. اگه دستم باز بود واسه هر چی... اون‌وقت اجرا هم.. خب.. آره!

دکتر (بلند می‌خندد) عالی! (میترا هم شاد می‌خندد) اون‌وقت با پولت چکار می‌کردی؟

میترا کدوم پول؟

دکتر همونی که گفتم فرض کنی از آسمون افتاده!

میترا آها! خب، چه‌قدر مثلن؟

دکتر زیاد!

میترا یعنی خیلی زیاد؟

دکتر بگیر یه میلیون مثلن! یا بیشتر!

درنا دلار؟

دکتر آره دیگه!

میترا اووم... یه میلیون... وای یه میلیون؟ خب، اگه ماهی ده تا.. (به کیان) صد ماه می‌شه چند سال؟

کیان من چه می‌دونم تو حسابداری!

میترا خب، هشت ده تا هشتاد تا هشت دو تا شونزده تا... میکنه تقریبا هشت سال... نه، ماهی ده هزار تا زیاده.. نه. شیش تا... هفت تا... ای بابا! فکر کردم یه میلیون پولیه!

کیان خب تو داری مثل حقوق ماهانه باهاش برخورد می‌کنی! باید ببینی چه‌جوری می‌شه سرمایه گذاریش کرد تا بمونه و به‌تر جواب بده. لازم نیست بی‌خودی فکر کنی! چار تا کاندو می‌خری دو تاش نقد دو تاش هم وام. هر چار تاشو می‌دی اجاره! اجاره‌ی اون دو تا نقدی‌ها رو می‌خوری، اون دوتای دیگه‌م قسط خودشو می‌ده و می‌مونه واسه‌ت!

درنا من باشم می‌برم ایران می‌ذارمش تو بانک ماهی بیست و پنج سی درصد بهره‌شو می‌گیرم!

میترا هم‌چنان در حال حساب کتاب کردن است و بی‌توجه به کیان و درنا، ناگهان چهره‌اش باز و شاد می‌شود و سر بلند می‌کند:

میترا اصلن پنج سال! شیش سال (پیروزمندانه) هیچی! یه خونه کوچولو، یه ماشین، یه قایق، سفر به جاهای خوب دنیا... یه ایران‌گردی اساسی... تا شیش هفت سال هم ماهی پنج شیش تاشو خرج می‌کردم تا تموم بشه! (بلند قهقهه می‌زند.)

کیان مغزت معیوبه به‌خدا!

میترا هوسه دیگه! (آه و نفسی بلند) آدمو به حسرت می‌ندازی دکتر!

دکتر اصل همینه که آدم دلش بخواد یه چند وقت هر جوری که می‌خواد زندگی کنه و خودشو نندازه تو گیر و گره‌های الکی!

میترا اونم من!

دکتر آره، تو!

میترا با پویان و باباش!

کیان خب می‌شه هر دو کار رو کرد، یعنی یه جایی به کارش بندازی که لذتشم ببری، کاری که دوستش داشته باشی.

میترا بازم کار؟

درنا من بگم؟ یه سینما تئاتر کوچک!

میترا (کودکانه دست‌هاش را به هم می‌کوبد) دکتر هم می‌شه مدیر هنری‌ش!

کیان پولی هم از این کارا در میاد؟

درنا آره پس چی؟ همه‌ی فیلما و تئاترهای خوب ایرانو می‌تونن بیارن توش نمایش بدن!

همه می‌خندند.

میترا ای بابا! شما هم ما رو گیر آوردین دکتر ها! ولی مرسی! روز تولدم حسابی بردینم تو رویا! دلم هوای سفر کرد و ایران و ایران گردی..

درنا (به میترا) راستی میترا جون شما اون پتیشن کنگره رو امضا کردین؟

میترا کدوم پتیشن؟

درنا همین که واسه باز شدن سفارت و لغو تحریم‌ها درست کردن.

میترا نه، چیه؟

دکتر کنگره‌ی ایرانی‌ها؟

درنا آره. شما امضا کردین؟

دکتر به جایی نمی‌رسه.

درنا چرا؟ خب تاثیر داره بالاخره.

دکتر پتیشن‌شونو نمی‌گم.

درنا پس چی؟

دکتر خودش.

کیان آره می‌فهمم چی می‌گین. خیلی با هم درگیری دارن.

میترا ایرانی‌ان دیگه!

دکتر این‌ها هم عین همون سی چهل سال پیش. همون بازی‌ها رو دارن تکرار می‌کنن.

درنا (به کیان) سی چهل سال پیش؟ کنگره از اون وقتا بوده؟

کیان فکر نکنم.

دکتر نه این کنگره. انجمن‌های دیگه بودن. همه‌اش پاشید از هم.

درنا   خب اون مال اون زمانا بوده، این دوره فکر نکنم...

دکتر   آره می‌دونم! نسل شما! ولی شما هم به‌تره زیادی خوشبین نباشین!

کیان   (با هدف رفع و رجوع) حس شما رو می‌فهمم آقای دکتر، ولی درنا هم راست می‌گه. اوضاع خیلی فرق کرده با اون سال‌ها. الآن چند تا نماینده داریم توی مجلس. جاهای دیگه هم.

دکتر   نماینده‌های ما که نیستن.

درنا   چرا؟

کیان   اینم البته درسته. من منظور دکتر رو می‌فهمم.

درنا   (عصبی از رفع و رجوع‌های کیان) چیه منظورشون؟ تو که می‌فهمی به منم بگو!

کیان   (دستپاچه) نه عزیزم .... می‌گم یعنی...

درنا   یعنی چی؟ خب ما انتخابشون کردیم دیگه!

دکتر   نه جانم شما انتخابشون نکردین. از شهر و منطقه‌شون انتخاب شدن.

درنا   آره، ولی ماها خیلی کمک کردیم.

کیان   آقای دکتر می‌گن یعنی نماینده‌ی حزب‌هاشونن.

دکتر   نماینده‌ی هر کی و هر چی باشن، نماینده‌ی منافع دولت

ایران تو کانادا نیستن.

درنا کی گفت دولت ایران؟ باز شدن سفارت منافع ایرانیای اینجا هم هست.

دکتر وظیفه‌ی اون‌ها باز کردن سفارت ایران نیست. برنامه‌شون هم نیست. عضو مجلس اینجان. طرح‌ها و وضایف خودشونو دارن.

درنا بالاخره همین که توی مجلس هستن خودش خیلی خوبه. نمی‌ذاره مثل آمریکا از ایرانی‌ها و مسلمون‌ها لولو بسازن و مردمو بترسونن.

کیان آره، اینم نکته‌ی مهمیه!

دکتر توی آمریکا هم ایرانی موفق کم نیست. از گوگل و آمازون تا ناسا و تا خود دولت و اف بی آی و پلیس. شما... (اسم درنا را فراموش کرده. نگاهی پرسشگر به کیان)

کیان درنا!

دکتر درنا! مرسی. به به چه اسم قشنگی! ببخشین، شما چند وقته اینجایی درنا جان؟

درنا (با حرکت سر و لبخند تشکر می‌کند) چند وقت دیگه می‌شه چهار سال.

دکتر چهار سال. عالی! خوش اومدین! من چهل ساله که اینجام. از سال انقلاب تا الآن.. و از خود بنی‌صدر تا این آقای روحانی. تک تک شعارها و برنامه‌ها و بودجه‌ها و کارها و حرف‌هاشون را دنبال کردم. نه فقط اونا، مردم. همین

شماهایی که دنیا اومدین و بزرگ شدین و رسیدین به شونزده سالگی و رای دادین و دانشگاه رفتین و در اومدین و افتادین تو چرخه‌ی زندگی. حالا هم اینجا. از اون ده پونزده هزار ایرانی چهل سال پیش تا دویست سیصد هزار تای امروز. تنها نتیجه‌ای که از این روند می‌شه گرفت...،

درنا ببخشین حرف‌تونو قطع می‌کنم، ولی راستش ربط اینا رو به حرف‌های خودم نمی‌فهمم.

دکتر خسته‌تون کردم. درسته. نیومده بودم اینجا برای بحث. میترا هم فکر نکنم حوصله‌ی این حرف‌ها رو داشته باشه. معذرت می‌خوام.

لحظاتی سکوت.

درنا (با هدف دلجویی) نظرتون محترمه البته اقای دکتر. و خب، اینم خیلی خوبه که به خبرها حساسین. خیلی خوشحالم. بقیه این‌جوری نیستن. منظورم اون‌هاییه که خیلی ساله بیرونن. هیچ کاری به اوضاع ایران ندارن.

دکتر منم ندارم. به خبرها توجه می‌کنم چون می‌ترسم اوضاع از اینی که هست بدتر بشه.

درنا خب همین!

دکتر نه. فرق می‌کنه. برای یک عده مهمه که چی می‌شه و چی نمی‌شه. سفارت باز می‌شه یا نه. ارز گرون می‌شه یا ارزون. براشون مهمه، چون مستقیم روی زندگی خودشون تاثیر می‌گذاره.

درنا خب؟ فرق شما با اونا چیه؟

دکتر (لحظه‌ای مکث، فکری می‌کند، سپس ناگهان) دانشگاه یورک رفتین تا حالا؟

درنا سوال یا دلیل آن را نمی‌فهمد، نگاهی حیران به کیان.

میترا دکتر اونجا تاریخ هنر درس می‌دن.

درنا آها! چه جالب!

کیان (به میترا) آره گفته بودی.

درنا (به دکتر) ببخشین فکر می‌کردم فقط تئاتر کار می‌کنین.

کیان (با هدف احترام گذاشتن به دکتر) نه عزیزم تئاتر که شغل نیست، هابی‌شونه. دکتر استاد دانشگاهن. تدریس می‌کنن.

دکتر یورک یک بخش ستاره‌شناسی داره و یک ساختمان کوچک، از اون بناهای مخصوص تلسکوپ‌های بزرگ. چون اون طرف شهر هنوز از ساختمان‌های بلند و چراغ‌های نئون و اینا خبری نیست. شب‌هاش تاریک‌تره. آسمون رو به‌تر می‌شه دید. بعضی شب‌ها می‌رم نزدیک اون ساختمون یا هر جای بلندی که اون اطراف بشه رفت، و به آسمون نگاه می‌کنم. اگه هوا صاف باشه، می‌شه هاله‌ای از راه شیری رو ببینی. اوایل سعی می‌کردم کره‌های دیگه رو مجسم کنم. منظومه‌های دیگه، دنیاهای دیگه، بعدش برعکس شد. سعی می‌کردم تصور کنم اون بالام، روی یکی از اون دنیاهای دیگه، و از اونجا به پایین نگاه کنم، زمین رو از اون‌ور ببینیم. مجسم کن،

توی یک سفینه باشی، بالای بالا، و بتونی زمین رو ببینی که روش کوه‌های اتشفشانی بی‌شماری دارن یکی یکی دهن وا می‌کنن و لجن مذاب ازشون فوران می‌کنه و سرازیر می‌شه تو شهرها. خبرهای ایران دیگه برای من به خاطر ایران بودنش نیست که مهمه. برای اینه که اونجا هم یکی دیگه از این دمل‌های چرکیِ زمینه که دارن یکی یکی می‌ترکن و گند و کثافت‌شون به هر طرف می‌پاشه. بعضی‌ها می‌گن اینا می‌خوان خاورمیانه رو بکوبن و بازسازی‌ش کنن. من فکر نمی‌کنم بخوان بازسازی‌ش کنن. فقط می‌خوان بکوبنش. ولی مثل هر غده‌ی سرطانی دیگه‌ای، دست که بهش بزنی و انگولکش کنی، چرکش می‌پاشه بیرون و همه جا رو می‌سوزونه.

کیان درست می‌فرمایین منم فکر می‌کنم جنگ جهانی این بار از اون منطقه شروع می‌شه.

دکتر جنگ سوم؟ خیلی وقته شروع شده!

درنا وای بمیرم الهی!

دکتر تاریخ مدام تکرار می‌شه. مدام شده و بازم می‌شه. تکرارشو نمی‌بینیم، چون ظاهر همه چیز عوض شده. باورهامون، مذهب‌هامون، مرض‌هامون، قحطی‌هامون، ابزارهامون، جنگ‌افزارهامون، شکل جنگیدن‌مون، پیروزی و شکست‌مون. فقط ظاهرش عوض شده. پیچیده‌تر و کارآمدتر، ولی همون. ریشه‌ها همونه و نتیجه‌ها هم. هنوزم امپراطوری داریم، هنوزم برده داریم، دین و امام و پیغمبر داریم، وبا و طاعون داریم، همون نیازها، همون حرص‌ها، همون ترس‌ها، همون امیدها، همون دروغ‌ها...

در اواخر حرف‌های دکتر، در باز می‌شود و بابک وارد می‌شود. کیان خوشحال می‌شود و نفس بلندی می‌کشد.

کیان   این هم جناب بابک!

درنا   آها! بابک جان هم رسیدن! بیاین زود که آقای دکتر یه سورپرایز جالب دارن برامون!

بابک   سلامت باشن! دیگه چه سورپرایزی؟

درنا   الآن خودشون می‌گن! منتظر شما بودیم!

بابک   (نگاهی به ساعت. عصبی است. خودش را کنترل می‌کند. لحظه‌ای مکث. نفسی می‌کشد. رو به دکتر) آقای دکتر، باید ببخشین، خیلی لطف کردین تشریف آوردین، صفا آوردین، منت گذاشتین، ولی ما امشب راستش مهمون داریم، یعنی مهمونای غریبه. رسمی. بچه‌ها هم همین‌جوری سر زده اومدن. یکی از همکارای من توی شرکت ...

دکتر   (به میترا) جدی؟ شب تولدت؟

بابک   نه.. یعنی آره، ولی یادمون نبود (از دهنش در رفته، دستپاچه به میترا نگاه می‌کند) اشتباه از من بود، ولی در هر حال همکارن و غریبه و دیگه نمی‌شد...

میترا   (بی‌آنکه به او نگاه کند) دیگه نداریم.

بابک   چی نداریم؟

میترا   مهمون.

بابک گیج نگاهش می‌کند. درنا و کیان نیز .

میترا   کنسلش کردم.

بابک   چی رو کنسل کردی؟

میترا   به‌شون زنگ زدم و گفتم که مهمونی‌ت کنسل شده.

بابک   (جا می‌خورد) کی؟

میترا   بالا که بودم.

بابک   (با اخم تند) چی گفتن؟

میترا   هیچی. گوشی رو برنداشتن. پیام گذاشتم.

بابک   (عصبانی) هیچ می‌فهمی چکار کردی؟ من کلی زحمت کشیده بودم برای این قرار...

میترا   نترس خودم به گردن گرفتم. گفتم باید به یک سفر خیلی خیلی تصادفی و اضطراری برم و تا چند روز دیگه برنمی‌گردم. گفتم خودت بعدا قراری باهاشون می‌گذاری.

بابک   (با حیرت و خشم به میترا و سپس به دیگران نگاه می‌کند. زیر لب) فقط بلدی گه بزنی به همه چی!

خشمش را قورت می‌دهد و به طرف میز مشروب می‌رود و پشت به همه می‌ایستد و با دست پیشانی‌اش را فشار می‌دهد.

درنا   وای میترا جان، به خاطر ما؟ خیلی بد شد!

کیان   شرمنده، باید قبلش زنگ می‌زدیم.

میترا نه، به خاطر شما نبود. حوصله‌شونو نداشتم. تولدمه.

بابک همان‌جا کنار میز مشروب‌ها، می‌چرخد به طرف بقیه، بی‌آن‌که به میترا نگاه کند، سرد و تلخ.

بابک خب، پس همه چی حله دیگه! منم دوستتو کنسل کردم.

میترا ناهید؟

بابک آره. بهش گفتم نیاد.

میترا خیلی بی‌جا کردی!

بابک کردم دیگه.

میترا (لحظه‌ای مکث. خیره به بابک، با خشم) ترسیدی بیاد چی بشه؟

بابک از چیزی نترسیدم. خوشم نمیاد ازش. مهمون رسمی داشتم دلم نمی‌خواست بیاد اینجا.

میترا دم در دیدیش؟

بابک نه. تلفنی.

میترا تو زنگ زدی یا اون؟

بابک تکست زدم بهش.

میترا تکست زدی؟

بابک آره.

میترا (بلند می‌شود و با قدمی به طرف بابک) شماره‌شو از کجا تو تلفنت داشتی؟

بابک (مکث) چه‌می‌دونم. داشتم دیگه.

میترا از کجا؟

بابک می‌گم چه می‌دونم. لابد یه وقت از تلفن من بهش زنگ زدی. تو شماره‌ی اونا رو از کجا دااشتی؟

میترا لابد؟ آها. آره لابد. اون‌وقت اسمشم لابد خودبه‌خود save شده بود!

بابک منظورت چیه؟

میترا این بازیاتو وردار ببر جای دیگه. گفته بودم امشب بیاد تا همین چیزا روشن بشه.

بابک چی روشن بشه؟

میترا چی روشن بشه؟ ها؟ چی روشن بشه؟

بابک به سرت زده؟

میترا به سرم نزده. چشمام کور بود حالا باز شده. (گامی از بابک دور می‌شود و رو می‌کند به بقیه. کمی مست است.) از ایشون بپرسین شماره و عکس دوست من تو تلفن‌شون چکار می‌کنه. بپرسین شبا تا دیروقت تو شرکت روی کدوم پروژه دارن کار می‌کنن. بپرسین ویکند پیش با کدوم یکی از همکاراش رفته بودن سرکشی بیلدینگ‌های تازه. بپرسین فندک تازه‌شونو کی به‌شون کادو داده! بپرسین با

	کردیت کارت‌شون واسه کی کیف و کفش و زیرپوش...
بابک	ببند دیگه اون دهن‌تو!
میترا	نمی‌بندم! به بهانه‌ی لیکور استور رفتی به اون کثافت زنگ بزنی؟
بابک	مثل آدم حرف بزن بفهمم چی داری می‌گی!
میترا	وکیل که گرفتم و کشوندمت دادگاه می‌فهمی.
بابک	اهه؟
میترا	آره. بیست ساله توی این مملکتی هنوزم مغزت مثل بابا بزرگت کار می‌کنه. خیال کردی چی؟ هر چی من به روی خودم نمیارم تو هم خودتو به اون راه می‌زنی. حالا ببین. جلو قاضی و وکیل که نشستی و دار و ندارتو باختی، همچین هوشت بیاد سر جاش که حظ کنی.
کیان	ای بابا شماها چه‌تون شد باز یهویی؟ میترا؟
میترا	دکتر، من واقعا ازتون معذرت می‌خوام. ولی می‌دونم درک می‌کنین. (راه می‌افتد به طرف راه پله. رو به درنا) درنا جان، من امشب میام پیش تو. یه امشب فقط تا هتل بگیرم. اشکالی نداره؟
درنا	نه عزیزم خونه‌ی خودته، ولی آخه...
میترا	آخه نداره. دیگه نمی‌تونم ریخت این و این خونه رو تحمل کنم. (رو به بابک) دو روز وقت داری یه جا برای خودت پیدا کنی. بعدش دیگه تو دادگاه می‌بینمت.

بابک	(پوزخند و خشم) دادگاه؟
میترا	آره. دادگاه. تکلیف من که روشنه، تکلیف خونه و شرکت و پویانم اونجا روشن می‌شه. دیوونه‌ی زنجیری!
بابک	من دیوونه‌ام یا تو؟ جلو مهمونا...
میترا	مهمون نیستن! فامیلمن. دوستمن. همکارم، استادم!
بابک	نیستن؟ خیلی‌خب! (رو به دیگران) آره نیستین! پسرعموی محترمت اینجاست با نامزد عزیزش، جناب آقای دکتر هم مسلما غریبه نیستن! عزیزتر از همه! باشه! باشه. بفرمایین! دِ بیا بشین دِ. اینجا دادگاه، بنده متهم، شما شاکی، این‌ها هم ژوری! می‌خوای برو بچهات را هم وردار بیار شاهد.
کیان	این حرف‌ها چیه؟ شما دو تا چه‌تون شده؟ میترا جان، می‌دونم امروز خسته بودی و الآنم یک کم عصبی هستی و مشروب و اینا...
درنا	وای ما هم همین‌جوری سرمونو انداختیم پایین بی‌خبر...
کیان	سخت نگیر دیگه، از این حرف‌ها تو همه‌ی زندگی‌ها هست، ولی نباید...
میترا	چرت نگو کیان. همه‌تون مثل همین.

بابک سیگاری در آورده و دنبال فندک می‌گردد.

کیان	درنا جان شما با میترا برین بالا یک کم استراحت کنین، ما هم یه اینجا بتونیم سیگاری بکشیم و گپی با آقای دکتر

بزنیم.

درنا (به سوی میترا می‌رود و بازوی او را می‌گیرد) بیا میترا جون، بیا یه دقیقه بریم بالا من می‌خواستم سری هم به پویان بزنم، خیلی دلم تنگ شده واسه‌ش.

میترا (رو به بابک) کیک اوبری‌تو نمی‌خوای سفارش بدی؟

بابک فندکش را پیدا می‌کند و به کنار نرده‌ها می‌رود. میترا بازوش را از دست درنا می‌کشد.

میترا چرا وایستادین؟ مگه واسه تولد من نیومدین؟ خوب بشینین دیگه. (رو به دکتر) دکتر بازم معذرت می‌خوام، نمی‌خواستم این‌جوری بشه، ولی خوشحالم که اینجایین.

دکتر تا حالا در سکوت سرش را پایین انداخته بوده. خونسرد، بی‌خیال و آرام به‌نظر می‌رسد. بلند می‌شود و به میترا نزدیک می‌شود و دستش را می‌گیرد.

دکتر منم خوشحالم. حالا سخت نگیر. درست می‌شه. خودتم بیا بشین. شب تولدته.

میترا آره! تولدمه. مرسی! دیگه کاری به کارش ندارم. شما مشروب‌هاتونو بریزین الآن غذاها رو میارم.

به طرف آشپزخانه می‌رود، ولی برمی‌گردد به کنار پخش صوت، سی دی تازه‌ای می‌گذارد. ترانه‌ای شاد پخش می‌شود. همچنان که خودش را با ریتم ترانه تکان می‌دهد به آشپزخانه می‌رود. درنا به کیان نگاه می‌کند. دکتر هر دو را با اشاره به سکوت دعوت می‌کند. کیان مردد است بعد می‌نشیند. درنا هم به آشپزخانه می‌رود. دکتر، ایستاده، دست‌هاش را لبه‌ی میز می‌گذارد و به فکر فرو می‌رود. کیان نگاهی به آشپزخانه می‌اندازد و برمی‌خیزد به بالکن می‌رود و با پچ پچه‌هایی بابک را راضی می‌کند که به داخل برگردد.

لحظاتی بعد، درنا با ظرفی و پشت سر او میترا با ظرفی دیگر از آشپزخانه بیرون می‌آیند. کیان و بابک هم به داخل برمی‌گردند. هم‌زمان، دکتر ناگهان سر بلند می‌کند و دست‌هاش را محکم به هم می‌کوبد.

دکتر   دادگاه! آره دادگاه! عالی! چی بهتر از این!

همه با تعجب به او نگاه می‌کنند.

دکتر   بابک راست می‌گه. با تعارف چیزی حل نمی‌شه. من با بابک موافقم. دادگاه رو می‌تونیم همین‌جا تشکیل بدیم!

کیان   ببخشین، فرمودین اینجا؟

دکتر   آره! میترا، اون‌ها رو بذارین کنار، اونم خاموش کن! خواهش می‌کنم بیاین بشینین.

بابک با حیرت از حمایت دکتر، بازوش را از دست کیان بیرون می‌کشد. و به سوی میز مشروب‌ها می‌رود و پشت به بقیه می‌ایستد. میترا با اطاعت از دکتر ظروف را آرام روی میز می‌گذارد و لحظاتی بعد پخش صوت را خاموش می‌کند.

دکتر   چرا ماجرا رو پیچیده‌اش می‌کنین؟ آره به قول کیان جان این بحث‌ها بین همه‌ی زن و شوهرها هست و پای بعضی‌هاشون هم به دادگاه می‌کشه. ولی کدوم دادگاهی تا حالا یک حکم عاقلانه و منصفانه صادر کرده؟ سیستم دادگاه‌ها اصلن از اساس جوری تنظیم شده که اوضاع پیچیده بشه. اونم با کلی کاغذبازی و هزینه‌های سرسام‌آور وکیل. خب، این دوستان عزیز ما با هم مشکل دارن. مثل خیلی از زوج‌های دیگه. ما هم که غریبه نیستیم. میترا جان می‌خواد بره دادگاه؟ کی از ما نزدیک‌تر؟ می‌تونیم دادگاه را همین‌جا تشکیل بدیم. چیزی شبیه جلسه‌های ریش

سفیدی قدیم، با این تفاوت که اهمیتی به ریش و سن و مخلفاتش نمی‌دیم! درست؟ میترا، باور کن، هیچی به‌تر از حرف زدن و حرف شنیدن نیست، اونم جایی که پشتت به دوست‌هات گرم باشه. که مطمئن باشی نمی‌تونی دروغ بگی و دروغ بشنوی. بدون هزینه‌ی وکیل!

کیان آ... بد فکری هم نیست!

میترا چه جوری می‌تونم مطمئن باشم؟ چند بار صاف تو چشمام دروغ گفته باشه خوبه؟ خیال کردین حالا از شماها می‌ترسه؟

دکتر نه، ولی با فحش و تهدید و توهین چیزی حل نمی‌شه. بالاخره حرف‌هاتو که می‌تونی بزنی. بابک هم حتمن حرف‌هایی داره. مگه نه بابک جان؟ هیچی تو این دنیا یک‌طرفه نیست. (مکث. دکتر در انتظار پذیرفتن میترا و بابک. میترا هنوز تردید دارد) خب، دستکم تمرین! مگه نمی‌خوای برین دادگاه؟ خب، دادگاه‌تو تمرین کن! اگه به نتیجه‌ای رسید که فبها، اگر هم نه، خب، چیزی رو از دست ندادین.

کیان هیچ بعید نیست کار کنه! ریش سفیدی...

دکتر ما که بالاخره اینجاییم. مهمون‌های غریبه‌تون هم که دیگه...

بابک که پشت کرده بوده به همه و کنار میز ایستاده بوده و با لیوان مشروبش بازی می‌کرده، ناگهان به طرف آن‌ها برمی‌گردد و صندلی‌ای را جلو می‌کشد و روی آن می‌نشیند و حرف دکتر را قطع می‌کند.

بابک من موافقم. بفرمایین. (به میترا) پشتت به اینا گرمه خیال کردی می‌ترسم؟ بفرمایین دیگه. بگو تا بگم! خب، سرکار

عالی وکیل‌تون کیه؟ (رو به دکتر با تمسخر) شما؟

میترا با تاسف سر تکان می‌دهد.

دکتر نه، وکیل و دادستان لازم نداریم. ولی می‌تونیم یک رئیس جلسه تعیین کنیم که اوضاع را اداره کنه و وقت بده تا همه بتونن حرف بزنن، ولی وکیل‌بازی لازم نیست.

کیان قبول کن دیگه میترا! اقای دکتر که بد تو رو نمی‌خوان!

دکتر (رو به میترا) حالا یه دقیقه بشین، واقعا می‌گم، معلومه که هر دو حرف‌هایی دارین که باید به هم بزنین و چیزهایی رو برای هم روشن کنین. دشمن خونی همم که نیستین! (میترا آرام می‌نشیند.) عالی! شما هم کیان جان، درنا جان. (آن‌ها هم می‌نشینند) خب، حالا فقط دو شرط! دو شرط خیلی خیلی مهم!

همه به دکتر نگاه می‌کنند.

دکتر همه باید سر دو شرط توافق کنیم. وگرنه کار نمی‌کنه. اولیش این که جدل نکنیم، یعنی بد و بیراه و جنگ و جدل‌های لفظی موقوف. حرف بزنیم. حرف دل‌مون رو بزنیم. درست سوال کنیم و درست جواب بدیم. حتالامکان صادقانه! چه به‌عنوان شاکی، چه شاهد. نمی‌گم متهم، چون توی این‌جور بحث‌ها معمولا متهمی در کار نیست. هر دو طرف شاکی‌ان. قبول؟ (به همه) قبول؟

میترا و بابک با کراهت به هم نگاه می‌کنند.

کیان (با نگاهی به بابک) شرط بسیار خوبیه!

دکتر و اما در مورد شرط دوم، که اهمیتش از اولی به هیچ وجه کمتر نیست، چه بسا بیشتر هم هست، باید یه توضیحاتی بدم. (چمدانش را روی میز می‌گذارد) راستش، اومدن امروز من فقط برای تولد میترا نبود. یعنی بود، ولی نه فقط برای تبریک. تولد میترا موقعیت مناسبی بود برای کاری که می‌خواستم بکنم. الآن از اونی هم که فکر می‌کردم جالب‌تر شد! (سرش را با خنده تکان می‌دهد و با خود) چه تصادفی!

میترا چه کاری؟

دکتر حالا توضیح می‌دم. خب، شرط دوم اینه که همه باید توافق کنیم که تا آخر بحث، جلسه‌مونو ترک نکنیم. هر چی که پیش بیاد. هر حرفی، هر بحثی، هر گرهی، باید تا آخرش بمونیم. همه‌مون. قبول؟ این توافق خیلی جدیه، و خیلی لازم. قبول؟ (مکث. به هم نگاه می‌کنند. کسی جواب نمی‌دهد) خب، بله. درسته. می‌فهمم. الآن ممکنه شرط احمقانه‌ای به‌نظر برسه و نتونین سرش توافق کنین. ولی اهمیتش الآن روشن می‌شه.

می‌نشیند روی صندلی پشت میز روبه‌روی همه ، چمدان را نزدیک می‌کشد و دستش را روی آن می‌گذارد.

دکتر تصادف! دو ماه پیش من تصادف کردم. (اشاره می‌کند به عصایش) میترا می‌دونه. تا پیش از اون منم مثل همه فکر می‌کردم تصادف نقش مهمی تو زندگیم نداره. تصادف اسمش روشه دیگه، نه؟ معمولا هم برای بقیه میفته نه ما. خب، پا و کمرم یک کم ضرب دید و دکتر و آزمایش و کت اسکن و چک‌آپ پیش از موعد، و... (مکث. نفس

بلندی می‌کشد.) و معلوم شد که... سرطان پیشرفته‌ی ...

میترا دستش را جلو دهانش می‌گیرد. درنا و کیان حیرت و سکوت، بابک با پوزخند سرش را پایین می‌اندازد.

دکتر (رو به میترا) راستش هیچ دلم نمی‌خواست توی همچین فضایی بهت بگم. ترجیح می‌دادم بمونه به بعد از اجرا، ولی... خب، این هم یک تصادف دیگه! (به همه) و اما تصادف اصلی! اون روز کذایی، سه شنبه، چهار بعد از ظهر، از پیش دکتر که بیرون اومدم، رفتم یک کافی شاپ و قهوه‌ای گرفتم و نشستم. یک کم راستش گیج شده بودم. دلم نمی‌خواست به چیزی فکر کنم. لپتاپ همراهم نبود. هوس کردم روزنامه بخونم. رفتم توی سیگارفروشی بغل دست کافی‌شاپ که یه روزنامه بگیرم. فروشنده‌هه پرسید بلیت نمی‌خرین؟ من توی این چهل سالی که اینجام، شاید سه دفعه هم در مجموع بلیت نخریده باشم. خنده‌ام گرفت. نتیجه‌ی آزمایش‌ها هنوز توی جیبم بود، حالا این پیرمرد چینی می‌خواد بهم بلیت قالب کنه. یکی گرفتم. کویک پیک. قرعه‌کشی فرداش بود. ولی اون روز حواسم نبود و چک‌اش نکردم تا یکشنبه شب (به میترا) بعد از تمرین‌مون. و نتیجه؟ (چمدان را می‌چرخاند و کمی به جلو، به طرف آن‌ها می‌راند) هفت میلیون دلار. یا در واقع هفت میلیون و سیصد و بیست سه هزار و چهار صد دلار.

همه حیرت‌زده با دهان‌های نیمه باز به چمدان خیره می‌شوند. دکتر چمدان را باز به سوی خود می‌چرخاند.

دکتر اولش نمی‌دونستم چکار کنم. احتمال مرگ و ثروت،

همزمان با هم. شوخی بی‌شرمانه‌ای بود. دوشنبه و سه شنبه نرفتم دانشگاه. با خودم فکر می‌کردم چکار می‌شه کرد. چند تا از این چریتی‌های حمایت از بچه‌های آفریقا و سنترال امریکا و امثالش را هم چک کردم، ولی نتونستم اعتماد کنم. چهارشنبه دوباره تمرین داشتیم. (به میترا) می‌خواستم تمرین‌مون را هم کنسل کنم، ولی شب قبلش تو زنگ زدی تا درباره‌ی کارهایی که روی متن کرده بودی حرف بزنیم و ... اون همه شور و شوق... بعدشم گفتی که دو سه هفته دیگه تولدته و خواستی که تمرین امشب را جابه‌جا کنیم. گوشی رو که قطع کردم، دیگه می‌دونستم چکار باید بکنم. (نفس بلندی می‌کشد و رو به همه) امشب اومده بودم که از میترا اون سوال رو بپرسم. سوال نه، شرطی بذارم پیش پاش. شرط هم نه، انتخاب. می‌خواستم ازش بپرسم اگه همین لحظه یک میلیون دلار از آسمون بیفته تو دامنش، چکار می‌کنه. بازم به تمرین‌ها ادامه می‌ده و این نمایش رو اجرا می‌کنه، یا به کارهای مهم‌تری فکر خواهد کرد؟ و اگه نه، چکار می‌کنه؟ یا با اون پول... ولی خب، تصادف سوم ماجرا را جالب‌تر کرد. (رو به همه، سرد و جدی و محکم) الآن می‌خوام همین شرط، همین انتخاب را جلو همه‌تون بگذارم. خب؟ همه موافقن؟

همه همچنان در سکوت با حیرت به دکتر و چمدان نگاه می‌کنند.

دکتر یک میلیون برای هر کدوم. بی هیچ سند و قول‌نامه و مالیات. (با تاکید و نافذ) با این شرط که دادگاه‌مون را برگزار می‌کنیم، با صداقت کامل، و تا آخرش هم همین‌جا می‌مونیم. هرکدوم بخواین می‌تونین الآن برین. اما هر

کس که بره، چه الآن چه هر وقتی پیش از نتیجه‌ی قطعی، سهمی نمی‌بره. خب؟ همه موافقن؟

مکث طولانی. درنا با نگاهی به بقیه، کمی شرمگین، دستش را شبیه شاگردان مدرسه آرام بالا می‌برد.

درنا   من... من موافقم!

میترا به او نگاه می‌کند. هنوز گیج است. درنا دست کیان را یواش تکان می‌دهد. کیان به او نگاه می‌کند.

کیان   خب، منم موافقم. (نگاهی به بابک و میترا) البته نه این که... من از اولش گفتم که این... این...

دکتر   دادگاه!

کیان   بله، دادگاه! فکرخیلی خوبیه! (رو به میترا و بابک) اقای دکتر خیلی لطف دارن یه‌تون، البته بحث پول نیست اصلن، همین که بشینین و حرف بزنین و مشکلاتتون حل بشه و اینا خیلی خوبه دیگه... آره بابک؟

میترا   (غمگین و نگران) دکتر .. بیماری‌تون... جدیه؟

دکتر   (خونسرد و جدی) فکرشو نکن.

میترا   آخه ... درمانی چیزی... دارو داده بهتون؟ حالا باید شیمی درمانی و ...؟

دکتر   ارزش نداره. مهم نیست. هنوز چند ماهی وقت دارم.

میترا بغض می‌کند. بلند می‌شود و از پله‌ها بالا می‌دود. درنا نگران به کیان نگاه می‌کند. با اشاره‌ی کیان او هم در پی میترا بالا می‌رود.

دکتر   خب، عالی! برمی‌گردن. کیان جان کمک می‌کنی صندلی‌ها را یک کم جابه‌جا کنیم؟

کیان   (تند برمی‌خیزد) بله چشم حتمن!

خاموشی

صحنه‌ی دوم

نور می‌آید. همان خانه. مبل‌ها کمی کنار رفته، چهار صندلی در یک طرف صحنه، کیان و درنا و بابک و میترا روی آن‌ها نشسته‌اند، و دکتر روی صندلی‌ای پشت میز روبه‌روی آن‌ها، با چمدانش روی میز. بابک تا مدتی طولانی سرش را پایین انداخته و با دست‌هاش یا چیزی در دست‌ها بازی می‌کند. میترا سرد و غمگین است. خوراکی‌ها و پیش‌دستی‌هایی روی میزها.

دکتر خب، بذارین با یک چیز خوب شروع کنیم. بیاین رمانتیک‌ترین خاطره‌هایی که داریم، تعریف کنیم.

میترا با حیرت به دکتر نگاه می‌کند. کیان و درنا به هم نگاه می‌کنند و می‌خندند.

دکتر گفتیم دادگاه، نگفتیم که محاکمه! می‌خواهیم با هم حرف بزنیم و راه حلی برای اختلافات پیدا کنیم. به قول این‌وری‌ها The court of public opinion! (رو به میترا) برای محاکمه وقت زیاده. (رو به همه) خب! خاطره!

درنا من بگم؟

دکتر آفرین! بگو! عالی!

درنا یه بار کیان سر کار بود، یعنی قرار بود باشه و منتظرش نبودم. نشسته بودم و یه چیزی می‌خوندم و هوا دیگه تاریک شده بود که یهویی در زدن. هر چی فکر کردم کی ممکنه باشه چیزی به ذهنم نرسید. رفتم پشت در و پرسیدم کیه؟ ولی جواب نداد. یک خورده هم راستش ترسیده بودم، ولی کنجکاوی غلبه کرد و آروم لای در

رو باز کردم، یهو یه دست اومد جلو با یه دسته گل! بعدشم یه دست دیگه با یه بطر شراب، بعدشم خودش! تنها چیزی که اون شب انتظارشو نداشتم این بود. به قول خودش به مناسبت ماهگرد آشنایی‌مون. یعنی سه ماهگی البته! حسابی سورپریزم کرد!

کیان (می‌خندد) آره یادمه! اون شراب شیراز بنفش که خیلی دوست داشتی!

درنا گل‌ها رو هم! رز قرمز و میخک سفید!

دکتر عالی! چند وقت پیش؟

درنا و کیان به هم نگاه می‌کنند. درنا با شیطنت منتظر می‌ماند، کیان کمی فکر می‌کند و در ذهنش حساب می‌کند، کمی مِن و مِن..

درنا (نفسی می‌کشد. رو به دکتر) نه ماه!

دکتر هوم! عالی! (نگاهی با دقت تصنعی به سراپای درنا) نمی‌خوره به نه ماه!

درنا کمی گیج نگاه می‌کند، بعد متوجه شوخیِ دکتر می‌شود و قهقهه می‌زند. کیان هم بلند می‌خندد. میترا لبخند می‌زند. دکتر با لبخند رو می‌کند به بابک و میترا:

دکتر خب؟ شماها؟

بابک توجهی نمی‌کند. میترا نگاهی به بابک می‌اندازد.

کیان از این بابک رمانتیک‌تر خودشه! دوران نامزدی‌شون تو ایران یه کارهایی برای میترا می‌کرد که مجنون واسه لیلی نکرده بود! (به میترا) یادته؟ چه پزی می‌دادی به اون

همکلاسی‌هات!

میترا افسرده لبخند می‌زند.

کیان (به بابک) دِ چیه غمبرک زدی اون گوشه؟ درست می‌شه آقا همه چی داره درست می‌شه!

درنا تو بگو میترا جون!

میترا (پس از مکثی، شانه بالامی‌اندازد، با خود انگار) من یه دورانی با یکی دوست بودم، و رابطه‌مون همچین علنی علنی هم نبود... خیلی وقت پیشا، پیش از ازدواجم.

کیان بفرمایین پس دوران نوجوانی!

میترا همون تو دانشگاه...

ادامه نمی‌دهد. همه ساکت می‌مانند. پس از چند لحظه.

میترا نه. دیگه چه اهمیتی داره. آره اینجا.

بابک لحظه‌ای سر بلند می‌کند و به او نگاه می‌کند. دکتر با لبخندی پیرانه سر تکان می‌دهد. کیان و درنا متحیر اما کنجکاو. میترا آرام ادامه می‌دهد.

میترا از استادهای کالجم. ولی هم‌سن بودیم تقریبا. می‌دونست تئاتر خوندم. یه روز بعد از کلاس گفت صبر کنم. بابک رفته بود اتاوا. ویکند تنها بودم. یه پاکت از جیبش در آورد و بازش کرد. توش دو تا بلیت تئاتر بود. باغ وحش شیشه‌ای. (با آن خاطره لبخند می‌زند)

درنا آخی!

میترا	خیلی اون کارشو دوست داشتم. اولین تئاتری بود که اینجا می‌رفتم.
کیان	(نگران از برخورد بابک) این که خب البته دوستانه بوده، نه رمانتیک! از اون مرغ عشق بازی‌های دوره نامزدی‌تون بگو!
میترا	قرار بود اون آخر هفته با بابک بریم اتاوا. به اونم گفته بودم که جمعه‌اش کلاسمو کنسل کنم. بعدش بابک گفت باید با همکاراش بره. (با پوزخندی تلخ سر تکان می‌دهد و نگاهی به بابک می‌اندازد).
درنا	خب، چی شد؟ رفتین؟
میترا	آره.
دکتر	چه‌طور بود؟ (مکث. لبخند) نمایشو می‌گم!
میترا	(با همان لبخند گم در خاطره) چیز زیادی ازش نفهمیدم.
درنا	(می‌خندد. سپس به کیان) دیدی؟ فقط من نیستم که کارای این‌وری‌ها رو دوست ندارم!
کیان	(نیم‌نگاهی به بابک، سپس به میترا) خب آره زبانت هنوز اون‌قدرا خوب نبوده.
درنا	مگه کالج نمی‌رفت؟
میترا	(بی‌توجه به آن‌ها، ادامه می‌دهد) بعد از نمایش یه کم توی دیستیلری قدم زدیم، گالری‌ها رو از پشت شیشه تماشا کردیم و توی یه کافه کوچولو یکی دو گیلاس

شراب خوردیم... بعدش آخر شب که می‌خواست برسوندم، از یه مسیری رفت که از دم خونه‌اش رد شدیم. خونه‌شو نشونم داد و سرعتشو کم کرد.

بابک بلند می‌شود و به بالکن می‌رود.

میترا   پرسید دوست دارم بریم تو، چیزی با هم بخوریم...

کیان سرش را پایین می‌اندازد. درنا به سویی دیگر نگاه می‌کند، لبش را می‌جود و لبخند می‌زند. چند لحظه سکوت.

دکتر   رفتی؟

میترا   نه. (مکث) ولی دلم می‌خواست.

چند لحظه سکوت. میترا نفس بلندی می‌کشد و بلند می‌شود و در مسیر رفتن به سوی آشپزخانه:

میترا   گشنه‌تون نشده؟ دکتر یه لقمه چیزی براتون بیارم؟

دکتر   نه مرسی خوبم من. (نگاهی به سمت بالکن) بابک سیگار می‌کشه؟

میترا لحظه‌ای می‌ایستد، فکری از ذهنش می‌گذرد، ناگهان:

میترا   می‌خوام کیک سفارش بدم. تولدمه!

دکتر   اووم! عالی!

میترا   کیان نگاه کن ببین این دور و بر شیرینی فروشی چی هست. اوبر داری رو تلفنت؟

کیان   آره.

میترا   اوکی. می‌تونی جورش کنی؟ باهات حساب می‌کنم. (به سوی کیفش می‌رود) بیا این کردیت کارتم، با همین اوردر بده.

کیان   نه لازم نیست، ولی... با اوبر نمی‌دونم ...

درنا   بذار من بکنم، بلدم. فقط آدرس پستی رو باید بگی. با کد و اینا.

درنا و کیان مشغول یافتن شیرینی فروشی و تماس با اوبر روی تلفن‌هاشان می‌شوند. میترا به آشپزخانه می‌رود. بابک روی بالکن عصبی سیگار می‌کشد. ناگهان سیگار را به گوشه‌ای می‌اندازد و به داخل برمی‌گردد. رو به دکتر:

بابک   من دیگه تحمل این مسخره بازی رو ندارم. خواهش می‌کنم بساطتون را جمع کنین و تشریف ببرین.

دکتر نگاهی به آن‌ها و سپس به آشپزخانه می‌اندازد.

درنا   اوا چی شد یهویی؟

کیان   بشین بابک تازه داریم کیک سفارش می‌دیم.

بابک   لازم نکرده. شما هم لطفا تشریف ببرین، بعدا با هم تماس می‌گیریم. درنا خانم خیلی ازتون معذرت می‌خوام. انشالله جبران می‌کنم.

کیان   زشته بابک یه خورده خودتو کنترل کن. تو هم یک کم راه بیا، داره همه چی درست می‌شه دیگه..

بابک   چیه؟ دلت برای زندگی من سوخته یا اون چمدون؟

کیان   این چه حرفیه می‌زنی؟ من برای خودت می‌گم...

میترا از آشپزخانه بیرون می‌آید.

میترا   چیه باز دور برداشتی؟

بابک   خونه‌مه، می‌خوام تنها باشم توش.

میترا   برو بیرون تنها باش. من به احترام دکتر گذاشتم بمونی.

بابک خیز برمی‌دارد طرف او، کیان نگهش می‌دارد و به گوشه‌ای می‌کشاندش و با پچ پچ و اشاره‌هایی به چمدان، سعی می‌کند او را آرام کند. دکتر می‌نشیند.

دکتر   خب، سخت نگیرین، پیش میاد. درست می‌شه. حالا بذارین من یه خاطره تعریف کنم.

میترا به آشپزخانه می‌رود و لحظاتی بعد با ظرفی خوراکی برمی‌گردد و آن را روی میز می‌گذارد. کیان بابک را راضی می‌کند که او هم برگردد و بنشیند. بابک با اخم و خودخوری می‌نشیند و سرش را پایین می‌اندازد.

دکتر   بشین میترا، من که واقعا گشنه‌م نیست.

میترا می‌نشیند. در حین حرف‌های دکتر، درنا کمی خوراکی برای خودش برمی‌دارد و آرام لقمه‌هایی می‌خورد.

دکتر   خب.. خیلی سال پیش توی یه رابطه‌ای بودم. همون موقع‌ها پسرم هم با دوست دخترش از مونترآل اومده بود وکیشن، تو خونه‌ی من. دوستم از همسرش جدا شده بود، ولی بچه داشت. خلاصه دو هفته‌ای بود که نه خونه‌ی اون می‌تونستیم هم رو ببینیم نه خونه‌ی من. پسرم و دوستش هم دیوونه‌م کرده بودن! یه شب دوستم بهم گفت بیبی سیتر گرفته که با هم شام بریم رستوران. با ماشین اون رفتیم.

داون تاون. اون سال‌ها سر چالرز و چرچ یه هتل جُنگِ تر تمیز بود. رفت توی پارکینگ زیرزمینیش. رستورانی به چشمم نخورده بود، ولی فکر کردم می‌خواد اون‌جا پارک کنه و قدم بزنیم تا یک کم پایین‌تر. توی آسانسور زد رو طبقه‌ی ششم. ولی من بیشتر حواسم به اون بود تا آسانسور. تا حواسم بیاد سر جاش، در یه اتاق رو باز کرد و ... (مکث) اتاق گرفته بود! با گل و میوه و شراب و یه شام کوچولو روی میزش! (با لبخند خاطره‌اش را مزمزه می‌کند) اون شب شد یکی از رمانتیک‌ترین شب‌های زندگی‌م!

چند لحظه سکوت،

درنا (به کیان) تو خاطره‌ی رمانتیک از من نداری؟

کیان اون خاطره‌ی جفتی‌مون بود دیگه!

میترا (به دکتر) خب، چی شد اون دوست‌تون؟

دکتر چیزی نشد.

میترا آخه معلومه که خیلی دوست‌تون داشته!

دکتر (می‌خندد) منم خیلی دوستش داشتم!

درنا خب چی شد پس؟ هنوزم دوستین با هم؟

دکتر دوست که آره... هوم... نمی‌دونم. شایدم ... خیلی وقت‌ها ما بیشتر از ... بیشتر از دوست داشتنِ هم، خودِ دوست داشتن رو دوست داریم. (نیم‌نگاهی به کیان، سپس به میترا) دوست داریم یکی رو دوست داشته باشیم و دوست داشته بشیم. ولی مرز خیلی باریکیه بین دوستی و عشق. یا عشق

و نفرت. خیلی باریک. مسئله فقط اینه که در چه لحظه‌ای، بر چه مبنایی، چه حسی بکنیم.

چند لحظه سکوت. دکتر به تک تک نگاه می‌کند که ساکت نشسته‌اند، آرام یا معذب، و به نظر نمی‌رسد حرفی برای گفتن داشته باشند. دکتر ادامه می‌دهد، با حس و حالی شبیه به تدریس در کلاسِ درس:

دکتر   ببینید، واقعیت، رئالیته، یعنی اینفورمیشن. علم جدید اینو می‌گه. اینفورمیشن. نه به معنای خبر و اطلاعات. خیلی کلی‌تر. خیلی عمیق‌تر. یا بنیادی‌تر. اینفورمیشن، یعنی معنا. و معنا، یعنی قیاس. یا فرآورده و برآورده‌ی قیاس. یه چیزی رو می‌بینیم، می‌شنویم، حس می‌کنیم، و بلافاصله در کسری از ثانیه قیاسش می‌کنیم با دیتاهایی که از قبل در ذهن‌مون داریم. چنان سریع، چنان سریع، که نمی‌فهمیمش. در کسری از ثانیه. قیاس، مبنای درک چیزهاست. به این نگاه می‌کنیم، می‌گیم آها، این صندلیه، چون فرش نیست و هزار چیز دیگه هم نیست. این یکی میزه، چون چهار تا پایه داره، ولی بلندتره و صندلی نیست. اینو دوست دارم، چون شبیه اونی نیست که دوستش ندارم، از این یکی بدم میاد، چون شبیه تمام اون چیزاییه که آزارم داده. پس مبنای قیاس چیه؟ یا کارکردش؟

درنا   (نگاهی به این و آن، سپس به دکتر) حسِ اون لحظه؟

دکتر   تفاوت! حسِ تفاوت. و انتخاب، بر مبنای تفاوت. چه جوری؟ با تجربه. میلیاردها میلیارد تجربه‌های انباشته بر هم، اون‌قدر دور و اون‌قدر عمیق در تهِ تهِ تهِ ذهن‌مون، از وقتی که چند سلول در رحم مادرمون بیش نبوده‌ایم، و اون‌قدر سریع و ناخودآگاه، که مطلقا حسش نمی‌کنیم.

خیال می‌کنیم این روند، روند درک کردنه. خب، درک کردن هم هست، ولی نه به معنای تعقل، یا فهم و شعور. یا حتا تفاهم. چون این روند در واقع فقط و فقط قیاس کردنه و جدا کردن، و انتخاب کردن. اغلب هم ناخودآگاه. در این چهارچوب، توانایی‌ِ درک، همون توانایی‌ِ قیاس و جدا کردنه. توانایی‌ِ حس کردن تفاوت‌ها. اون‌وقت، بر مبنای اون تفاوت‌ها، انتخاب می‌کنیم. اما یک نکته‌ی کلیدی اینجا هست. گفتم انتخاب بر مبنای تفاوت‌ها، اما مبنای شناخت ما از تفاوت‌ها چیه؟ همون تجربه‌ها. و تجربه‌ها می‌تونن بی‌پایه باشن. عجیب! احمقانه! بی‌ربط! یه مثال بامزه: من تا مدت‌ها، یعنی تا حدود پنجاه سالگیم، از کلم پلو متنفر بودم!

میترا اِ ! دکتر؟ پس اون کلم پلوهای منو به‌زور می‌خوردین؟

دکتر نه! نه! الآن دیگه نه! ولی تا همین چند... چند سال پیش بدم می‌اومد.

درنا ای وای! چرا؟ به اون خوشمزگی! (رو به کیان) وای هوس کردم!

دکتر هیچی، سه چهار ساله که بودم یه بار یه پیرمرد بدعنقی از فامیلامون اومده بود خونه‌مون و گرفت و به‌زور ماچم کرد. نفسش بوی کلم‌پلو می‌داد. اون بو نشست رو مغزم و بیرون نرفت که نرفت. تا وقتی که بالاخره چند دهه بعدش یک تجربه‌ی دیگه باعث شد تا تصویر اون روز و اون بو توی مغزم، جای خودشو بده به یک تصویر دیگه. از دست کسی که دوستش داشتم بالاخره خوردم، و عاشقش شدم. (ناگهان رو می‌کند به کیان) تو برای چی درنا رو دوست داری؟

کیان (جا می‌خورد، خودش را کمی جمع و جور می‌کند) من؟

دکتر آره، تو، چرا؟ (بلند می‌شود و در طول حرف‌هاش، در محدوده‌ی کوچکی قدم می‌زند، می‌پرسد و رد می‌شود و منتظر پاسخ نمی‌ماند) البته درنا خانمی‌ست جوان و زیبا و باهوش، اما می‌خوام بگی که تو، مشخصا تو، از چیش خوشت اومده؟ (رو به درنا) تو چی؟ هیچ‌وقت بهش فکر کردی؟ یعنی دقیق ها، از این دو دوتا چهارتاهایی که شماها معمولا می‌کنین، با اینم کردی؟ (رو به بابک) تو برای چی بساز بفروش شدی؟ می‌دونم معماری. نقاشم هستی. یا بودی. اما چرا بساز بفروشی؟ (رو به میترا) برای چی بین این همه رشته رفتی حسابداری خوندی؟ چرا تئاترتو ادامه ندادی؟ مبنای انتخابت چی بود؟ (رو به بابک) پدرت رو برای چی آوردی اینجا؟ چرا فکر کردی تو باید بهش برسی؟ یا به‌تر از بقیه؟ (رو به کیان) مبنای انتخاب این دختر برای تو چی بود؟ تفاهم؟ درک متقابل؟ همراهی؟ با این همه فاصله؟ (رو به درنا) مبنای انتخاب تو چی بود؟ تفاوتش با هم‌سن و سال‌هات؟ اخلاق و رفتارش؟ شغل و درآمدش؟ نیازش؟ (رو به میترا) برای چی تا حالا موندی توی این زندگی؟ چرا به فکر دادگاه افتادی؟ نیاز یا انتقام؟ چرا حالا؟ (رو به بابک) مبنای انتخاب اون خانم برات چی بود؟ تفاوت‌هاش با میترا یا شباهتش؟ ریسک و هیجانش؟ دمِ دست بودنش؟ دوستش داری یا راه گریزه؟ اگه فقط می‌خواستی با یکی بخوابی، چرا اونو انتخاب کردی؟ اگه درک و تصمیمِ جدیه، چرا هنوز پنهان؟

بابک آشفته بلند می‌شود و کتش را بر می‌دارد و به طرف در می‌رود.

بابک من دیگه نمی‌شینم این مزخرفات رو تحمل کنم.

دکتر (تند گامی به سوی او بر می‌دارد.) بشین بابک! همه توافق کردیم. همه‌مون می‌شینیم تا تموم بشه.

بابک چی تموم بشه؟ این چرت و پرت‌های سانتیمانتالِ دختر مدرسه‌ای پسند؟

دکتر (رو به بقیه) یکی‌تون اگه بره، چمدون هم می‌ره.

بابک به درک! آبروریزی بسه!

میترا آبرویی هم دیگه مونده؟

بابک تو دیگه حرف نزن، احترام خودتو نگه دار!

دوباره راه می‌افتد. کیان که برخاسته و به سوی او رفته، دستش را می‌گیرد و نگهش می‌دارد و خیره به چشم‌هاش نگاه می‌کند.

میترا (به‌شدت خشمگین و کلافه) با ناهید؟ آخه با ناهید؟

بابک اول می‌کوشد خودش را رها کند، اما کیان دستش را محکم نگه می‌دارد و با سر و چشم اشاره‌هایی می‌کند. بابک سست می‌شود. دستش را از دست کیان بیرون می‌کشد.

میترا جواب دکتر رو بده! برای چی اون؟

بابک کلافه کتش را کناری می‌اندازد. همان‌جا نزدیکِ در روی صندلی یا چهارپایه‌ای می‌نشیند. نگاهی به دکتر می‌اندازد، بعد به میترا و کیان، سرش را پایین می‌اندازد.

بابک (زیر لب) به درک اسفل!

میترا برای چی ناهید؟ از کی باهاش بودی؟ ها؟ از کِی؟ از کِی؟

بابک جواب نمی‌دهد.

میترا یه بار تو عمرت صادق باش! یک بار!

بابک (نفسش را رها می‌کند. بی آن‌که به او نگاه کند) پیرارسال.

میترا پیرارسال؟

بابک سفر ایران‌مون.

میترا سفر ایران‌مون؟ همون که.. (فکر می‌کند) همون که... تو زودتر برگشتی؟

بابک سه هفته.

میترا سه هفته... اون‌وقت... ؟

بابک بلند می‌شود و به سوی پله‌ها می‌رود.

میترا کجا داری می‌ری؟ برگرد بشین اینجا. (فریاد می‌زند) می‌گم برگرد بشین اینجا! (بابک روی راه پله می‌ایستد.) چرا؟ (بابک جواب نمی‌دهد. میترا با فریاد) می‌گم چرا؟

بابک ناگهان رو می‌گرداند و خشمگین و سریع به طرف او می‌آید.

بابک چرا؟ چرا؟ ها؟ چرا؟ برای اینکه خسته‌ام! خسته! برای این‌که حالم از همه چیز این زندگی به هم می‌خوره. برای این‌که هرغلطی دلت خواسته کردی و می‌کنی و من دارم همین‌جور جون می‌کنم و آب می‌شم و نمی‌فهمم چی به روزم اومده.

میترا غلطها رو تو کردی نه من!

بابک آره درسته! غلط کردم اومدم اینجا! غلط کردم بچه‌دار شدم! غلط کردم خونه خریدم! غلط کردم از اون بابای پفیوزت قرض گرفتم! غلط کردم موندم تو این شهر!

میترا راه باز جاده دراز! دست پیش نگیر که اگه دهن‌مو باز کنم...

بابک پشتت به اینا گرمه بلبل شدی؟ با یه بچه‌ی شیرخوره تیر کردی که باید برم کالج! درس کوفتیت که تموم شد، زدی به طاق دیپرشن که سخت بود و دوستش نداشتم!

میترا می‌خواستم تئاترمو بخونم!

بابک می‌خواستی هر کوفتی دلت می‌خواد بخونی! مگه من جلوتو گرفتم؟

میترا یه ذره حمایتم کردی؟ یه بار باهام اومدی یه تئاتر ببینیم؟ فقط غر زدی که با تئاتر برام کار پیدا نمی‌شه!

بابک برای خودِ بدبختت گفتم! مگه تو میای سر عملگی من؟ گفتم مهاجری، زبون دوم، دختر شونزده ساله هم نیستی که واسه بر و روت ببرنت. چار دفعه که بهت خندیدن و ریجکتت کردن مثل سگ پشیمون می‌شی و دوباره بساط دیپرشن و قرص و دوا و روضه‌ی زینب کبری!

میترا مرده شور دلسوزی‌تو ببره، اگه یه ذره شعور داشتی که...

بابک اصلن یه دفعه شد بپرسی که پس منِ بی‌شعور چه گهی دارم تو این دنیا می‌خورم؟ یه دفعه شد به دوستای من روی خوش نشون بدی؟ یه دفعه شد دل بدی به این خونه که

عینهو کاروانسرای مغولا...

میترا خودت چکار کردی واسه این خونه؟

بابک حالام که دوباره شیش ماهه همه‌ی فکر و ذکرت این تئاتر کوفتی! صبح تمرین شب تمرین ویکند تمرین، دکتر اینو گفته دکتر اونو خواسته! بعدِ عمری یه شب همکارهامو شام دعوت کردم بلکه یه فرجی بشه، برداشتی چار تا کتلت فزرتی پختی، کاغذهات پهن این وسط!

میترا کلفت باباتم مگه؟ تو یه دفعه پرسیدی من از زندگیم چی می‌خواستم و چی نصیبم شد؟ (ادای بابک را درمی‌آورد) بریم کانادا بریم کانادا! قطب شمالو واسه‌ت بهشتش می‌کنم! درس‌تو اونجا ادامه می‌دی! این بود اون بهشتی که می‌خواستی برام بسازی؟

بابک اصلن می‌دونی چرا اون؟ برای این‌که زنده‌ست! برای این‌که خودشو دوست داره! به خودش می‌رسه! کنسرت می‌ره! حال می‌کنه! حسرت کارهای نکرده‌ای که عرضه‌شونم نداره نمی‌خوره! دوستم داره! غر نمی‌زنه! باباشو نمی‌کوبه تو سرم! منو که می‌بینه می‌خنده! می‌فهمی؟ می— خن– ده!

میترا شبی که برگشتم، پیش اون بودی؟

بابک چی؟

میترا دیر رسیده بودی فرودگاه، از بغل اون لجن در اومده بودی؟ آورده بودیش اینجا؟

بابک می‌گم گه گرفته این زندگی تو یاد روز فرودگاهت افتادی؟

میترا بشقابی را از روی میز برمی‌دارد و پرت می‌کند به طرف بابک. بابک جاخالی می‌دهد. میترا چند بشقاب را پشت سر هم بر می‌دارد و به زمین می‌کوبد. کیان می‌دود طرف میترا. درنا خودش را به گوشه‌ای می‌کشد و حیرت‌زده نگاه‌شان می‌کند. بابک پس از نگاهی به خرده‌های بشقاب، با خشمی تند خیز برمی‌دارد به طرف میترا. کیان بین میترا و بابک قرار می‌گیرد. درنا نگران گامی برمی‌دارد که به آن طرف برود. دکتر با یک دست آرام جلو او را می‌گیرد، با دست دیگر عصایش را محکم روی میز می‌کوبد و با فریادی بلند ساکت‌شان می‌کند.

دکتر آروم! میترا! بابک! آروم! (مکث) قرارمون این نبود. ما که دیگه بچه نیستیم! هستیم؟

بابک خودش را از دست کیان رها می‌کند می‌رود روی پله‌ها می‌نشیند. میترا روی صندلی‌ای کنار میز می‌نشیند و سرش را بین دست‌ها می‌گیرد و می‌گرید. بابک ناگهان رو می‌کند به دکتر.

بابک خیلی ببخشین ها، ولی من انگار یادم رفته، کی شما رو رئیس جلسه انتخاب کرد که این‌جوری توی خونه‌ی من عربده می‌کشین؟

دکتر خب... انتخاب طبیعی بود.

بابک برای پول‌تون؟

دکتر نه، اصلن.

بابک پس چی؟

دکتر خب...، سنم، و اینکه.. زوج‌ها شمایین، فامیل، همسر، دوست، من از یه کته‌گوریِ دیگه‌ام.

بابک   من به احترام زندگیم نشستم. که اختلافاتم با زنم حل بشه. نه برای پول شما!

دکتر   البته! دقیقا!

بابک   برای این که ریش سفیدی بشه، مثل آدم حرف بزنیم، قرار نبود بشینین خاطرات سکسی برای همدیگه تعریف کنین و جلق روانی بزنین! قرار بود یه مثلن دادگاهی باشه و بتونیم حرف‌هامونو بزنیم. دو تا شرط هم که بیشتر نگذاشتین.

دکتر   بله درسته. منم برای همین اون سوال‌ها رو ازتون پرسیدم. تا سر حرف باز بشه. قصد دیگه‌ای نداشتم.

بابک   پس از شما هم می‌شه سوال کرد.

دکتر   سوالی هست؟

بابک   رابطه‌ی شما با میترا چیه؟

دکتر   بله؟

بابک   با زن من چه رابطه‌ای دارین؟

میترا با نفرت سر تکان می‌دهد، و نگاهی پوزش‌خواه به دکتر. دکتر با حرکت دست او را به سکوت وامی‌دارد.

دکتر   من با میترا دوست هستم. دوست و همکار. بسیار بهش احترام می‌گذارم و شوق و هنرش رو تحسین می‌کنم.

بابک   همین؟

دکتر چیز دیگه‌ای لازمه؟

بابک اون‌وقت این مسخره بازی‌هاتون برای چیه؟ مثل جوجه شاعرهای بیست ساله کتاب بهش تقدیم می‌کنین که چی بشه؟ به جای این‌که مثل آدم سر تمرین بعدی‌تون کتاب رو بهش بدین، ورمی‌دارین با آمازون می‌فرستین یه کارت فدایت شوم هم لاش. شب تولدش بی‌خبر پا می‌شین میاین خونه‌ش.. تمرین‌هاتونم که هفته‌ای سه شب تو زیرزمین خونه‌تون..

میترا (بلند می‌شود و با خشم) تو خجالت نمی‌کشی؟

بابک از چی خجالت بکشم؟

میترا از اون مغز کثیفت!

بابک (فریاد) این آقا که هیچ ربطی به زندگی من نداره بلند شده اومده اینجا برای خودش شده رئیس دادگاه و با این سخنرانی‌های آبگوشتی‌ش آبرو و حیثیت برای هیشکی نگذاشته، من باید خجالت بکشم؟ اینم شد قضیه‌ی پول بابات؟ (رو به کیان و درنا) قیمت‌تون این بود؟ ها؟ یه کیف زپرتی گذاشته روی میز همه‌مونو عین سگ نشونده روبه‌روش لَه لَه لَه لَه! (ناگهان فکری از ذهنش می‌گذرد) اصلن از کجا معلوم که اون تو پول باشه؟ ها؟ (به دکتر خیره می‌شود. دست به پیشانی می‌گیرد) آاا... هو لی شت! جیزس! دکتر! دکتر! خوب خرمون کردی! آخ آخ.. داری کارگردانی‌مون می‌کنی، ها؟ اکسپریمنته؟ تئاتر بعدی‌تیم؟ فاک! (ادای دکتر را درمی‌آورد) سرطان گرفتم! لاتاری بردم! هفت میلیون! هفت میلیون؟ بعد اومدم دو

دستی ببخشمش به شما! پسرم معلوم نیست کجا دستش به تخمشه، هفت میلیون پولو آوردم ببخشم به شما! (درنا و کیان مردد و نگران به هم و به چمدان نگان می‌کنند) دست مریزاد! واقعا دست مریزاد! هیشکی تا حالا نتونسته بود اینجوری خرم کنه! این‌جوری برینه به هیکلم! (کتش را برمی‌دارد و به سوی در می‌رود. نگاهی به کیان و درنا، با تاسف و تمسخر سر تکان می‌دهد. دم در به میترا) هر گورستونی دلت می‌خواد برو. یک کلمه هم دیگه با من حرف نمی‌زنی. هر گهی می‌خوای بخوری با همون وکیلت بخور.

میترا پاتو از این خونه بذاری بیرون دیگه برنمی‌گردی کثافت بی‌شعور!

بابک خونه‌مه. هر وقت دلم خواست می‌رم هر وقتم دلم خواست برمی‌گردم.

میترا (اشاره به بالا) پس جنازه‌ی باباتم وردار با خودت ببر!

بابک (از لای در) چار تا پرستار دیگه‌م براش می‌گیرم تا چشمت کور. تویی که باید از این خونه بری. لجن.

در را پشت سرش به هم می‌کوبد. سکوت طولانی. دکتر قلم و دفترچه‌ای را از کیفش در می‌آورد و چیزهایی یادداشت/ حساب می‌کند. هم‌چنان که سر تکان می‌دهد:

دکتر شرط اول‌مون که به جایی نرسید! (ارام و در فکر) حالا شرط دوم...

درنا (آرام به کیان) حالا چی می‌شه؟

کیان شانه بالا می‌اندازد. هر دو باز به چمدان نگاه می‌کنند.

درنا (دست او را می‌گیرد. در گوشی) می‌گم برو برش گردون.

کیان بابک رو؟

درنا (با اشاره‌ی سر به دکتر) مگه نگفت همه باید تا آخرش بمونیم؟

کیان اون دیگه باورم بکنه برنمی‌گرده. نمی‌کنه هم.. راستش.. بعیدم نیست... (ادامه نمی‌دهد)

درنا (نگاهی به چمدان) یعنی واقعا بازی‌مون داده؟

دکتر (در حال نوشتن. خونسرد) انتخاب با خودتونه. می‌تونین هم‌چنان باور کنین و بمونین، می‌تونین شما هم برین.

درنا دست کیان را رها می‌کند و صاف می‌نشیند. میترا نشسته روی پله‌ها. با تاسف می‌خندد و سر تکان می‌دهد.

کیان نه خب، نشستیم. من با حرف‌های بابک کاری ندارم.

دکتر (خونسرد) عالی!

درنا یعنی ادامه می‌دین؟

کیان آخه بابک که رفت دیگه، کاری ازمون بر نمیاد..

دکتر چرا، هزار حرف می‌تونیم بزنیم. میترا هنوز...

کیان بله، میترا خب.. ولی ما دیگه نمی‌دونم چی...

درنا سقلمه‌ای به پهلوی کیان می‌زند.

کیان نه خب... منظورم... یعنی... بحث پول نیست واقعا، ولی خب، این‌جوری... کلی حرف زدیم ما. این موضوع و شرط و شروط‌های شما باعث شد سر یه چیزایی باز بشه...

دکتر خب؟

کیان می‌گم یعنی.. درست نیست اگه.. (نگاهی به میترا و درنا)

دکتر اگه پولی در کار نباشه؟

کیان خب... بله.

درنا (زیر لب) نمی‌شه نشون بدین؟

دکتر (سرد و جدی) گفتم که، انتخاب با شماست. از اولشم با خودتون بود. من کسی رو مجبور نکردم. پیشنهادی کردم. این‌که باور کنین یا نه، اعتماد کنین یا نه، با خودتونه. (به درنا) و خیر. شرط این نبود. (به کیان) و حرف‌ها... خب، هر چیزی یه بهایی داره دیگه. نه؟

کیان و درنا باز به هم نگاه می‌کنند.

دکتر (می‌خندد. مهربان) ناراحت نشین. من نمی‌خواستم اذیت‌تون کنم. اصلن نمی‌دونستم شما هم اینجایین. اومده بودم سوالی از میترا بپرسم، و کادویی بهش بدم. پاسخش برام مهم بود. می‌خواستم ببینم چه‌قدر می‌شناسمش. بعدش اون قضایا پیش اومد و مشکلات بچه‌ها و.. خب، این پیشنهاد به ذهنم رسید. بازم دارم می‌گم. پیشنهاد بود.

چند لحظه سکوت. کیان بلند می‌شود و مشروبی برای خودش می‌ریزد. درنا با نگاه حرکات او را دنبال می‌کند. کیان توجهی به او ندارد. میترا می‌بیند.

میترا   شراب درنا را هم ببر نزدیکش کیان.

کیان در فکر است. نمی‌شنود. درنا با نیم‌نگاهی اخم‌آلود به کیان، بلند می‌شود و خودش گیلاس شرابش را پر می‌کند و برمی‌گردد.

دکتر   حالت خوبه میترا؟

میترا   آره خوبم. شما خوبین؟ خیلی فشار اومد به‌تون.

دکتر با حرکت سر تشکر می‌کند.

میترا   مشروب بد نیست براتون؟

دکتر   نگران نباش!

میترا   چه شبی هم اومدین اینجا!

دکتر   (خیره به او با لبخند) شب خوبیه! شب تولدت!

میترا لبخند می‌زند. دکتر از جیبش قوطی دارویی بیرون می‌آورد و دو قرص می‌خورد، به اطراف نگاه می‌کند برای آب. لبخند میترا خشک می‌شود.

میترا   آخ.. بذارین آب بیارم براتون.

به آشپزخانه می‌رود و لیوانی آب برای دکتر می‌آورد. کنارش می‌ایستد.

کیان   (به دکتر) شما حال‌تون خوبه؟

دکتر   مرسی آره. نگران نباشین.

درنا رو می‌گرداند و گوشه‌ی چشمش را پاک می‌کند. میترا آرام می‌رود و روی پله‌ها می‌نشیند.

کیان ببخشین می‌پرسم... سرطان چیه؟

دکتر مهم نیست. حرف‌های بهتر داریم بزنیم.

درنا اذیتشون نکن کیان.

کیان من که قصد بدی نداشتم. (به دکتر) معذرت می‌خوام.

دکتر نه خواهش می‌کنم، منظورم این بود که نریم توی فضاهای بیخودی. مرگ حقه. منم عمرمو کرده‌م.

کیان صحیح می‌فرمایین. اتفاقن پیش پای شما با میترا یه بحثی می‌کردیم. منم گفتم مرگ خودش باید برسه.

درنا اوا کیان؟

کیان (نخست لحظه‌ای هاج و واج، متوجه می‌شود) آخ، شت! معذرت می‌خوام.

دکتر بی‌صدا می‌خندد. سکوت.

کیان می‌گم میترا، پاشو یه زنگ بهش بزن. یه جوری راضیش کن برگرده.

میترا خیره به کیان نگاه می‌کند.

کیان نه خب، بشینیم حرف بزنیم مسائل‌تون حل بشه. این‌جوری که آخه...

میترا جواب نمی‌دهد.

کیان خب باشه من بهش زنگ می‌زنم.

تلفنش را برمی‌دارد و شماره می‌گیرد. میترا عصبانی از جا می‌جهد و با سرعت به سوی او می‌رود و تلفن را از دستش می‌قاپد و به گوشه‌ای پرت می‌کند.

کیان اِ ! چرا این‌جوری می‌کنی؟ (بلند می‌شود و تلفنش را برمی‌دارد و وارسی‌اش می‌کند.) خل شدن همه!

میترا آره خل شدم! اصلن من دیوونه‌ام. بی‌شعورم. الاغم. بلند شو. بلند شو دیگه. برو پیداش کن ببرش یه باری، کافه استریپ‌تیزی، جنده خونه‌ای، حال‌شو خوب کن و بهش بگو که حق بهش می‌دی. که من دیوونه‌م. که هر چی سرم میاد حقمه. پاشو، پاشو، نترس لابد خونه‌ی اون کثافتِ اسلات پیداش می‌کنی.

کیان بابا بسه دیگه من که چیزی نگفتم. تو اومدی این گوشی رو مثل دیوونه‌ها می‌قاپی پرت می‌کنی رو زمین. بد کردم می‌خوام مشکل‌تون حل بشه؟

میترا نمی‌فهمی دیگه. نمی‌فهمی.

کیان آره. باشه. من نمی‌فهمم.

میترا هیچ‌وقت تا حالا کسی تو رو با یکی دیگه عوض کرده؟ عمرت رو بگذاری به پای کسی، چیزی، چیزی که فکر کنی اسمش زندگیه، فکر کنی با هم دارین می‌سازینش، بعد حس کنی دیگه جای تو نیست، جایی نداری، یکی دیگه جاتو گرفته یا داره می‌گیره؟ خورد می‌شی. له می‌شی. اون‌وقت همه‌ی گذشت‌هایی که کردی و زجرهایی که کشیدی میاد جلو چشمت. می‌چسبه بیخ گلوت.

کیان همه چی دو طرفه‌ست. شمر که نیست. اونم دردهایی داره. همین الآن دکتر گفتن، مرز بین دوست داشتن و نفرت خیلی باریکه. می‌دونی اون مرز اسمش چیه؟ دوست داشته شدن!

میترا واسه شما مردها شاید. چون همه چی رو با خودتون می‌سنجین.

کیان یعنی برای شما اصلن مهم نیست که دوست داشته بشین؟ توجه بشه به‌تون؟ ها؟ (به درنا) این‌جوریه درنا؟ تو فقط عاشق چشم و ابروی من شدی و هیچم برات مهم نیست که منم دوستت دارم یا نه؟

درنا نه خب ...

کیان بفرما!

میترا شما تازه یه ساله با همین. با هم زندگی نمی‌کنین.

کیان چه فرقی می‌کنه؟

میترا فرقش همینه. اون فعلا یه انتخابی کرده. هنوزم انتخابش نخورده تو سرش. از من بپرس.

کیان تو عین این پیرزن فمینیست‌ها هی مرد و زن می‌کنی!

میترا تو داری مرز عشق و نفرت رو به رخ من می‌کشی. مرز عشق و نفرت دوست داشته شدن نیست. بی‌احترامیه. خیانته. دروغه.

کیان خوب اینم همونه دیگه. (رو به دکتر) همون نیست؟ من چیز

دیگه‌ای گفتم؟

میترا (فریاد) اون هنوز جوونه! چار سال کوچیک‌تر بود می‌تونست جای دخترت باشه! (کیان سرش را پایین می‌اندازد) همه چی هنوز بازیه براش. چی از بیست سال زندگی زیر یه سقف می‌فهمه؟ با تمام بدبختیا و پستی بلندیاش؟ چی از گذشت پشت گذشت می‌فهمه؟ فعلا تو رو انتخاب کرده. فردا هم یکی دیگه رو انتخاب می‌کنه. یکی به‌ترشو، فان‌ترشو...

درنا سرش را پایین انداخته با خودخوری واکنشی نشان نمی‌دهد.

کیان اِ.. میترا؟ چیه همین‌جور دور ورداشتی برای خودت؟

میترا ساکت می‌شود و با خشم و خودخوری سرش را پایین می‌اندازد.

دکتر به دل نگیر کیان. شما هم درنا جان. میترا از چیز دیگه‌ای حرف می‌زنه، دردش هم یه چیز دیگه‌س. با نوع رابطه و سن شما کاری نداره. مشکل مهمی تو رابطه‌ی شما نیست. اگرم باشه، این نیست. طبیعیه. ما جوون‌ها را دوست داریم، چون زیبا هستن. شادابن. نه، جدی، (رو به درنا) کیان خیلی از من جذاب‌تره، نه؟ (رو به کیان) و درنا از میترا، یا... همسر سابقت، نه؟ جوون‌ها زیبا هستن، هنوز! خسته نیستن. دو دل، سرشار از تردید و نفرت، و از همه مهم‌تر، امیدوارن، هنوز! مخصوصن این نسل، تا مغز استخوان حسابگر. اما خطرناکن. به‌شدت. چون بی‌رحمن.

درنا (با حیرت و لبخندی تصنعی، به دیگران نگاه‌هایی می‌اندازد، سپس رو به دکتر) بی‌رحم؟

دکتر (تند سر می‌گرداند به طرف درنا) دقیقا! هیچ موجودی از

بچه‌ی آدمیزاد بی‌رحم‌تر دیدین تا حالا؟ دنیاش فقط خودشه و خودش. همین لحظه‌ی حاضر. دیروز و فردا نداره. بچه‌ها خوشگلن، کیوتن، بانمکن، کنجکاون، بازیگوشن، برای همینم دوست‌شون داریم. ولی اون وقت‌هایی که اسباب‌بازی رو از چنگ هم‌دیگه بیرون می‌کشن چی؟ وقت‌هایی که توی کودکستان و مدرسه به هم‌دیگه حمله می‌کنن چی؟ وقتی توی خیابون به سگ‌ها و گربه‌ها، پیرزنا، پیرمردا، گداها، معلول‌ها سنگ می‌زنن؟ وقتی که یکی مظلوم‌تر، بی‌پناه‌تر، بی‌دست‌وپاتر گیرشون می‌افته، یکی که شبیه خودشون نیست، یکی که نتونن بهش بنازن یا آویزونش بشن، ذره‌ای رحم توی وجودشون پیدا می‌شه؟ وقتی همدیگه رو توی فیسبوک و تویتر افشا می‌کنن، وقتی توی موقعیت‌های شرم‌آور از یکی بی‌دست و پاتر از خودشون عکس و فیلم می‌گیرن و آبروشو می‌برن...؟ تیپیکال سایکو پت! تا جنینی، کار خون‌آشامی است. و این جنینی، سال‌های سال طول می‌کشه. تنها چیزی که می‌تونه کم‌رنگش کنه... نمی‌گم حتمن می‌کنه، ولی می‌تونه بکنه، تجربه‌ست. زمین خوردن. درد کشیدن. اونم نه یک بار و دوبار. تجربه‌های متعدد. و این، یعنی بزرگ شدن. پیر شدن. شما، درنا خانم عزیز، چه بخواهید چه نه، بیرحمین! چون جوونین! و طبیعتا سرشار از قضاوت‌های سطحی و بی‌رحمانه!

درنا (تلخ/ پوزخندِ تند/ انگار آماده‌ی حمله، اما کنترل شده) بقیه نیستن؟ شما نیستین؟

دکتر آه چرا! حتمن! صد در صد! تنها فرق من و شما اینه که من می‌دونم که بیرحمم و شما نه! من سعی می‌کنم قضاوت نکنم، اگه بتونم، اگه دلم بخواد، و شما نه.

کیان   شما باید وکیل می‌شدین!

دکتر بی‌صدا می‌خندد. کیان نگاهی به درنا می‌اندازد، بلند می‌شود می‌رود کنار میز مشروب. درنا سرد و جدی رو به دکتر:

درنا   کارِتون درست نیست آقای دکتر.

دکتر با لبخندی پیروزمندانه سربلند می‌کند. کیان با حیرت به درنا نگاه می‌کند.

درنا   جدی می‌گم. رفتارتون درست نیست.

دکتر   چرا؟

درنا   خب نیست دیگه. آدم احساس می‌کنه دارین بازیش می‌دین. به ما می‌گین حسابگر و بی‌رحم، ولی خودتون دارین همه‌اش...

دکتر   همچین احساسی داری؟

درنا   خب خیلی بی‌احترامیه. آدما رو یه جون هم می‌ندازین و وادارشون می‌کنین اعتراف کنن. انصاف نیست. موش آزمایشگاهی انگار..

دکتر   کجاش بی‌انصافیه؟

درنا   (جوابی ندارد. عصبی رو به کیان) تو چرا هیچی نمی‌گی؟

کیان   چی باید بگم؟

درنا   نظرتو!

کیان	نظرم که... خب ... آخه..
درنا	الآن نگفتی بعیدم نیست حرف بابک درست باشه؟
کیان	من گفتم؟
درنا	آره! خب همین‌جوری رو هوا که نمی‌شه!
کیان	من همچین حرفی نزدم. گفتم بابک باور نمی‌کنه.
درنا	کیان؟ گفتی بعیدم نیست..
کیان	گفتم... گفتم بعیدم نیست.. بعید نیست اگه باور بکنه هم برنگرده. خب بابکه دیگه، می‌شناسمش!
درنا	(با نگاهی تلخ و خیره به کیان، با تاسف سر تکان می‌دهد) چه انتظاری دارم ازت؟ عین همیشه!
کیان	چی عین همیشه؟
درنا	دریغ از یه جو جربزه!
کیان	چی داری می‌گی؟
درنا	یه جو اعتماد به‌نفس!
کیان	من؟
درنا	آره. تو! همه رو می‌خوای راضی نگه داری. اسمتو باید می‌ذاشتن «مستر سوئیتزرلند»!

کیان به میترا و دکتر نگاه می‌کند. سیگار الکتریکی‌اش را از جیبش

درمی‌آورد. پک می‌زند. باتری ندارد. می‌اندازدش روی میز. دکتر بلند می‌شود. میترا همچنان روی پله‌ها نشسته، سرش را بین دست‌ها گرفته.

دکتر ببخش میترا جان، دستشویی؟

میترا سرش را بلند می‌کند، نیم‌خیز می‌شود و با اشاره‌ی دست راهرو را به دکتر نشان می‌دهد. دکتر به آن سمت می‌رود. میترا با نگاه دکتر را دنبال می‌کند، سپس برمی‌خیزد و از پله‌ها بالا می‌رود. کیان زیرچشمی رفتن آن‌ها را دنبال می‌کند، بعد تلخ سر تکان می‌دهد و زیر لب:

کیان انگار همه می‌بینن و می‌فهمن غیر از خودم.

درنا چی رو؟

کیان تو. من و تو.

درنا جواب نمی‌دهد.

کیان راست می‌گن. بی‌خودی سرمو کردم زیر برف.

درنا خیره به او نگاه می‌کند. کیان با افسوس سر تکان می‌دهد.

کیان چه زود! نمی‌دونم. شایدم واسه شماها دوره‌اش همینه.

درنا چرا باز داری دیوونه بازی در میاری؟

کیان یعنی می‌خوای بگی هیچی عوض نشده و عین قبلیم؟ من حسش می‌کنم درنا. نیست. نیستی. این‌جوری که باهام حرف می‌زنی، اونم جلو این و اون..

درنا لوس نشو باز کیان! به‌خدا دیگه حوصله‌ی این حرف‌هاتو ندارم. وای ! عین این موجی‌ها! (نگاهی به دور و بر-

کمی یواش‌تر) مسئله الآن...

کیان   این‌قدر تلخ.. این‌قدر سرد....

درنا   ای بابا! همه‌ش باید قربون صدقه‌ت برم؟

کیان   کجا رفت اون حس‌هایی که داشتی و نشون می‌دادی؟ نیستن دیگه!

درنا   (کلافه) هستن، ولی حالا یه جور دیگه‌س. اون اول‌ها مثل این بود که یهو رسیده باشم به یه اقیانوس، می‌خواستم فقط شیرجه بزنم توش و از خود بی‌خود غوطه‌ور بشم. حالا ولی آروم شدم و آرومم. می‌خوام با آرامش شنا کنم و یواش یواش به هر گوشه‌ای که دلم می‌خواد سرک بکشم. اگه این موج‌های تو بذاره!

کیان   به هر گوشه‌ای که دلت می‌خواد، یا با هر کی که دلت می‌خواد؟

درنا   باز شروع کردی؟

کیان   شیش ماهه دارم می‌گم می‌خوام با پدرت اینا آشنا بشیم و حرف بزنیم. واسه چی از زیرش در می‌ری؟

درنا   واسه این که هنوز وقتش نیست. آمادگی‌شو ندارن.

کیان   اونا ندارن یا تو؟

درنا   اونا. من. هر چی.

کیان   خب پس این چه بازی‌ایه که داری با من می‌کنی؟ سیر

شدی؟ خسته شدی؟ ها؟ بگو دیگه، خسته شدی؟

درنا گفتم که! دریغ از یه فندق اعتماد به‌نفس!

کیان باز می‌گه اعتماد به‌نفس! ماهی چهار تا کاندو می‌فروشم، بیش‌تر از پرسابقه‌ترین ریال استیتیِ کمپانی، اون‌وقت اعتماد به نفس ندارم؟

درنا برو بابا! اونا رو بابای منم می‌تونه بفروشه.

کیان دِهِه؟

درنا روزی دو هزار تا ایرانی می‌ریزین تو این شهر. منم اگه مثل تو دستمال دستم بود و با همه از دم موافق بودم، ماهی ده تا خونه می‌فروختم. (نگاه تلخی به کیان می‌اندازد) اه. حالم به هم خورد!

کیان از من؟ ها؟ پس چرا ول نمی‌کنی بری؟

درنا به وقتش می‌رم.

کیان الآنو می‌گم. اینجا!

درنا نترس. سهم تو رو نمی‌خوام بگیرم. من به احترام میترا پامو گذاشتم تو این خونه و تا الآنم واسه اونه که موندم. (با تاسف سر تکان می‌دهد) دیر شناختمت!

کیان حالا شناختی؟

درنا دارم می‌شناسم.

کیان	تو اصلن برای چی با منی؟
درنا	(کلافه و تلخ، اما آرام) دنبال یه چیز دیگه می‌گشتم تو به تورم خوردی.
کیان	دنبال چی می‌گشتی؟
درنا	دنبال یه آقا! یه مردی که مرد باشه. آقا باشه. پشتمو بگیره. بدونه چی می‌خواد تو زندگی‌ش. این‌قدر دست و دلش سر هر چی نلرزه. لقمه‌های منو نشمره. شخصیت داشته باشه.
کیان	من لقمه‌های تو رو شمردم؟ هر شب توی به‌ترین رستوران‌ها، هر ویکند برانچ، دارم لقمه‌هاتو می‌شمرم؟ بی‌شخصیت منم یا اون...
درنا	اون پنیرای کوفتی رو کی هی به رخم می‌کشه؟
کیان	کدوم پنیرا؟
درنا	(به مسخره و اغراق‌آمیز ادای کیان را در می‌آورد) "بیا عزیز دلم! پنیر دانمارکی، پنیر فرانسوی، پنیر بلژیکی! نون رُزِتای ایتالیایی! کافی اسپرسوی کلمبیایی! اینا رو واسه تو می‌خرم عزیزم! من که خودم تو خونه چیزی نمی‌خورم! همه‌شو خریدم واسه تو!" خیال کردی من پنیر ندیده‌م؟
کیان	(گیج می‌شود) خب برای تو می‌خرمشون!
درنا	لابد لیست دقیقشم عین بنزین و روغن ماشین و بیل

تلفن و قرار مدار تو رستوران با مشتری‌هات نگه می‌داری که بدی به حسابدارت بزنه پس هزینه‌های مالیاتی!

کیان این همه خرج، این همه کادو، اون‌وقت خسیسم من؟

درنا لیست و رسید کادوهاتم نگه داشتی؟

کیان منو این‌جوری شناختی؟

درنا بس کن کیان! دیگه واقعا حوصله‌م سر رفته.

کیان خیلی بی‌چشم و روییه، کی بود هی هر شب هر شب زنگ می‌زد می‌گفت عزیزم یه چیز خوب به‌م بگو تا خواب خوش ببینم؟ کی هر روز صبح تکست می‌زد صبح به‌خیر می‌گفت که روزش (با ادا) با «عقش» شروع شه؟

درنا کی هی هفته‌ای دو بار موهاشو رنگ می‌کنه که مبادا یه دونه سفید توشون مونده باشه؟ کی هی تو رختخواب به پاهام می‌چسبه که (ادای کیان را در می‌آورد) "پیشی جون نکنه من برات پیر باشم، عسلم نکنه از من خسته بشی! از آقا جوجوت راضی‌ای هانی؟ سکس‌مون خوبه؟ می‌خوای وایاگرا بگیرم؟ اون پسره کی بود بهت خندید؟ با کی داری تکست می‌کنی؟" استتوس فیسبوکت همچین! عکس اینستاگرامت همچون! شیش ماهه چسبیدی که با مامان بابام حرف بزنی، اینشورانس می‌خوای؟

کیان هم خجالت کشیده هم خشمگین است، هم نگران است که دیگران صدای درنا را بشنوند، خودخوری می‌کند و جواب نمی‌دهد.

درنا از مردونگی فقط حسودبازی‌شو فهمیدی!

کیان با خشم به او خیره می‌شود. درنا به تقلید از کیان و با تمسخر دست‌هاش را بالا می‌برد و چنگ باز می‌کند با ادای ترساندن:

درنا گربه را بین که دُم عَلَم کرده! برو یه فکری برای دُم خودت بکن وایاگراش دیر نشه!

کیان نیم‌خیز می‌شود و دستش را بلند می‌کند که بزند، ولی خودش را کنترل می‌کند و می‌نشیند. دکتر که لحظاتی پیش از دستشویی بیرون آمده، سرفه‌ای می‌کند و جلوتر می‌آید. کنار راه پله‌ها میترا را صدا می‌کند.

دکتر میترا جان؟ رفتی بالا؟

میترا (صدا از بالا) ببخشین میام الآن.

دکتر به میز می‌رسد و سر جاش می‌نشیند. نگاهی به کیان و درنا:

دکتر خب، کجا بودیم؟ (لقمه‌ای برای خودش می‌پیچد و شروع به خوردن می‌کند.)

درنا و کیان جواب نمی‌دهند. کیان بلند می‌شود، سرگردان نگاهی به اطراف می‌اندازد، قدمی به سمت بالکن برمی‌دارد، پشیمان می‌شود و به سوی دستشویی می‌رود. درنا ناگهان رو می‌کند به دکتر.

درنا باشه آقای دکتر. من مثل کیان نیستم. دیگه این‌جوری ادامه نمی‌دم. می‌خوام ببینم توی اون چمدون چیه.

دکتر (خونسرد، در حال جویدن) چرا؟

درنا چرا نداره. شما یه شرطی گذاشتین، اینم شرط منه.

دکتر برای چی؟

درنا برای این‌که اعتماد ندارم.

دکتر به من؟

درنا به هیچی. به هیچکس.

دکتر پس پشتت به چی گرمه؟

درنا به خودم. فقط به خودم اعتماد دارم.

دکتر خیلی سخته که!

درنا درستش همینه.

دکتر بی‌اعتمادی به همه چیز و همه کس جز خودت؟

درنا چیزیه که یاد گرفتم. خیلی هم سخت یاد گرفتم. از معلما و همکلاسی‌های جاسوس مدرسه. از تست‌های فروشی کنکور. از استادای بیسواد دخترباز. از مامان باباهای بدبخت ترسوی توسری خور. نسل من خوب فهمیده که هیچی پشتش نیست. هیچ اتکایی نداره. فقط خودش. خوشی زد زیر دل‌تون انقلاب کردین و ما رو بدبخت کردین. نصف‌تون فرار کردین این سر دنیا، نصف دیگه‌تونم ریش گذاشتین و مقنعه سرتون کردین و ماها رو دو دستی انداختین تو حلقوم گرگ. به چی‌تون می‌شه اعتماد کرد؟ به چی دیگه؟

کیان از دستشویی برمی‌گردد و گوشه‌ای می‌نشیند.

دکتر هوم... (سرش را آرام تکان می‌دهد، نگاهش به چمدان) باید با چشمای خودت ببینی حتمن.. خوبه.. (سرش را بلند می‌کند، به درنا) و اگه نشون ندم؟

درنا (شانه بالا می‌اندازد) مطمئن می‌شم که دروغه.

دکتر اون‌وقت بازم می‌مونی یا می‌ری؟

درنا برای چی بمونم؟ تا الآنشم خیلی حماقت کردم. ازم بعید بود.

دکتر یعنی هیچ شکی، رویایی، آرزویی...؟

درنا آرزوهای من هیچ ربطی به شما نداره. هیچ شناختی هم از من و دنیای من ندارین. (نیم نگاهی به کیان) یه مشت مهاجرِ همه چی باخته‌ی خالیِ بی‌ریشه، روز به روزم پیرتر و از کار افتاده‌تر، توی ترس‌های خودتون دست و پا می‌زنین تا خاکسترتونم باد ببره و اسمی هم ازتون نمونه.

میترا آرام آرام از پله‌ها پایین می‌آید و روی پله‌ی آخر می‌نشیند. درنا نیم‌نگاهی به میترا می‌اندازد. دکتر با پوزخندی آرام سر تکان می‌دهد.

درنا از این اداها برای من در نیارین. فکر کردین منم مثل میترام که دلمو خوش کنم به یه مشت آرزوی سوخته و آویزون بشم به این پروفسوربازی‌های شما؟ با اون پیپ و عصا! عین این هیپسترهای الکلی دهه‌ی شصت و هفتاد. همه چی‌تون اداست. هیچی از خودتون ندارین.

دکتر همچنان در سکوت گوش می‌کند و با لبخندی محو با دستش ضربه‌های آرام و منظم و ممتدی روی چمدان می‌زند.

درنا   (اشاره به کیان) این که جراتشو نداره، بذارین من بگم. آره! منم فکر نمی‌کنم توی اون چمدون پولی باشه. اگرم باشه فکر نمی‌کنم می‌خواستین بدینش به من. یا کیان. بابک. حتا به میترا.

دکتر   جالبه! (رو به میترا) به این می‌گن قضاوت دقیق و عمیق!

درنا   فکر می‌کنم یه آدم مریض خودخواهین و به جای این‌که به فکر دوست و همکارتون باشین و دلداریش بدین و کمکش کنین تا مشکل خونوادگیشو حل کنه، فرصتی پیدا کردین که آدم‌ها رو بازی بدین و بخندین به‌شون.

دکتر   و با این‌همه موندی بازم...

درنا   (لحظه‌ای گیج می‌شود. بعد گیجی و دستپاچگی‌اش به خشم بدل می‌شود. کیفش را برمی‌دارد) بازی کثیفی بود. دادگاه! (به طرف در می‌رود. نزدیک در می‌ایستد و برمی‌گردد رو به دکتر) اصلن می‌دونین چیه؟ جای شما اینجا نیست، ایرانه. تئاترتونو بردارین برگردین ایران. رو دست می‌برن‌تون. یکی از این شوها تو صدا و سیما راه بندازین مثل اون یارو دکتر روازاده. یا اونایی که این بدبخت بیچاره‌ها رو میارن می‌نشونن جلو دوربین و آبروشونو می‌برن که یه مشت خرتر از خودشونو بگریونن. صحنه‌تون اینجا نیست، اونجاست. ریش هم دیگه لازم نیست بذارین. بدون ریش خرتون به‌تر می‌ره.

در را به هم می‌کوبد و می‌رود. کیان نخست هاج و واج نگاه می‌کند. بعد او هم بلند می‌شود. مردد است. اما کتش را می‌پوشد و خرده ریزهاش را با شتاب جمع می‌کند و او هم می‌رود. چند لحظه سکوت.

میترا چه تئاتری شد!

دکتر آرام و بی‌صدا می‌خندد.

میترا از اول باید یه همچین چیزی می‌نوشتی دکتر!

دکتر پر بیراه هم نمی‌گه.

میترا کمی جا خورده، با حیرت و ناباوری به او نگاه می‌کند. دکتر لیوان‌های مشروب خودش و میترا را برمی‌دارد و می‌رود کنار او روی پله می‌نشیند. هر دو جرعه‌ای می‌نوشند.

دکتر من آدم راست‌گویی نیستم. ضعف‌ها و ترس‌ها و شرم‌های بی‌شماری هم دارم. از اشتباه‌ها و حماقت‌های حقیر بگیر تا خوش‌خیالی‌های ابلهانه، از کوتاهی‌ها و بی‌عرضگی‌ها، تا پرپر زدن‌ها و جهیدن‌ها و.. خب، گاهی هم پروازها. بلندپروازی‌ها، جسارت‌ها.. (برمی‌خیزد و ضمن ادامه دادن به حرف‌هاش، آرام خرده ریزهاش را جمع می‌کند، پیپش را تمیز می‌کند، دفتر و قلم و پیپش را در کیفش می‌گذارد.) حالا، در این شصت و چند سالگی، دیگه جایی برای عوض شدن نمونده. فرصتی هم. با تمام شور و شوق‌ها و هوس‌هام، هیچ امیدی به این سربازخونه - سردخونه ندارم. در نتیجه، از خریت و بی‌عرضگی باشه یا بدبینی، قصد ندارم چیز دیگه‌ای بشم. ولی تو... (پشت به میز تکیه می‌دهد و رو به میترا) امشب اومده بودم تا همینو بهت بگم... برای تو، چهل سالگی مقطع خوبی برای تراش دادن و تراش خوردنه. برای بی‌نقاب شدن، برای گریختن از ترس‌ها و زخم‌ها و تردیدهات.. دشواره. دشوار. مخصوصن که کمرت هم مدام زیر ضرب شلاق نیازها و آرزوها و دریغ‌ها و

ناگفته‌ها و ناکرده‌ها باشه. عمری با حماقت تمام هی خیال کرده باشی باید فلان و بهمان باشی یا بشی یا دیده بشی. اما، به اینجا که رسیدی، خواهی نخواهی، چیزهایی شده‌ای. سن دشواریه، با این همه، حتا اگه نه بهترین مقطع، شاید ممکن‌ترین مقطع باشه. زودتر از اون آدم هنوز کور و کره و سرشار از خودبینی و قضاوت. و دیرترش هم....، حالا دو راه بیش‌تر پیش روت نیست. دیگه نمی‌تونی به خودت دروغ بگی. یا باید این جام زهر بی‌جربزگی و بی‌تفاوتی رو سر بکشی و بشی هم‌رنگ بقیه، یا صورتکت رو بسوزونی و پر بکشی.

کتش را پوشیده، عصاش را برمی‌دارد و آرام به طرف در راه می‌افتد.

میترا   دارین می‌رین؟

دکتر   اینجا را هم حسابی به هم ریختیم. باید ببخشی. خیلی دیر شد. ولی آخرش شد همونی که باید می‌شد. وقتی می‌اومدم فکر نمی‌کردم کس دیگه‌ای اینجا باشه.

میترا   (نگاهی به روی میز می‌اندازد) چمدون‌تون؟

دکتر رسیده است نزدیک در. سر می‌گرداند و نگاهی به چمدان می‌اندازد، لبخندی به میترا می‌زند، با حرکت دست خداحافظی می‌کند و از خانه بیرون می‌رود و در را می‌بندد. میترا لحظاتی با حیرت به آن سو نگاه می‌کند. بعد به چمدان. آرام برمی‌خیزد و به طرف میز می‌رود. می‌نشیند جایی که دکتر نشسته بود. چمدان را نزدیک می‌کشد. درش را رو به خود آرام و تا نیمه باز می‌کند.

خاموشی - پرده

از این قلم:

آبی (شش داستان کوتاه - ۱۳۵۷)

هراسه (دو نمایشنامه و دو فیلم نامه - ۱۳۵۹)

گسل (رمان - چاپ اول) ۱۹۹۵

سبز (شعر) ۱۹۹۵

کافه رنسانس (رمان) ۱۹۹۷

رنگ (شعر) ۱۹۹۹

به بچه‌ها نگفتیم (رمان) ۲۰۰۳

زبان ما، از آغاز تا زمان ما ۲۰۰۴

(درسنامه‌ی زبان و ادبیات فارسی/ طرح و ویرایش)

مهاجرت فرهنگ – فرهنگ مهاجرت ۲۰۰۷

(نیم نگاه - سی مقاله در نگاه به فرهنگ و جامعه)

بندباز آماتور (رمان) ۲۰۱۶

گسل (چاپ پنجم) ۲۰۱۶

کافه رنسانس (چاپ دوم) ۲۰۱۶

هفده روایت مرگ (گزینه‌ی شعر) ۲۰۱۷

منتشر می‌شود:

به بچه‌ها نگفتیم... (چاپ دوم) ۲۰۱۸

تدفین (نمایش‌نامه)

شهری درون شهر (مجموعه عکس - Street Photography)

جهانِ بی‌جنون به چه کار آید؟ (درسنامه‌ی ادبیات داستانی)

من از بد حجابی شما می‌ترسم (مجموعه مقاله)

کنار مجسمه‌ی جغد (شش داستان کوتاه)

تابستان سرد (فیلم‌نامه)

نشر افرا منتشرکرده است:

سبز	ساسان قهرمان
گسل	ساسان قهرمان
از دور بر آتش	رضا علامه‌زاده
راز بزرگ من	رضا علامه‌زاده
گمزادها	شهریار عامری
سرودهای جانب آبی... به کوشش:	بهروز سیمایی – ایرج رحمانی
درون دوزخ بی‌درکجا	اسماعیل خویی
برگ گفت‌وشنید	محمد مختاری
کافه رنسانس	ساسان قهرمان
سایه‌ها	مهری یلفانی
از دروغ	ساقی قهرمان
معاشرت آب‌ها	عاطفه گرگین
کاش‌ماهی‌ها و شیرماهی‌ها	حسن زرهی
دهل‌ها و آوازها	حسن زرهی
زیر ستاره‌ی صبح	صمصام کشفی
غزل‌قصیده‌ی من‌های من	اسماعیل خویی
فمنیسم پوپولیستی و فمنیسم اسلامی	هایده مغیثی
از سر دیوار	صمیام کشفی
رنگ	ساسان قهرمان
که جنده یعنی جان می‌بخشد به...	ساقی قهرمان
گسل (چاپ دوم)	ساسان قهرمان
زنان بدون مردان	شهرنوش پارسی‌پور
مهاجرت فرهنگ – فرهنگ مهاجرت	ساسان قهرمان
اتفاق	ایرج رحمانی
حالا دوباره صدا...	صمام کشفی
به بچه‌ها نگفتیم...	ساسان قهرمان
اسامه اسامه	ایرج رحمانی
اما وقتی تنهایی، گاو بودن درد داره	ساقی قهرمان
ساقی قهرمان. همین.	ساقی قهرمان

شهرزاد	عزیز معتضدی
حلقیات ما ایرانیان	محمدعلی جمال‌زاده
زبان ما از آغاز تا زمان ما (درسنامه‌ی زبان و ادبیات فارسی) طرح و ویرایش:	ساسان قهرمان
به‌یاد انگشت‌های نسخه‌نویسم	اکبر سردوزامی
خاطرات من و آقا!	اسد مذنبی
من خود ایرانم	مجید نفیسی
چرا نمی‌پرسی چرا؟	نسرین الماسی
پنجاه گفت‌وگو	مهدی فلاحتی
کویر پر از ماه	مهدی فلاحتی
نبض	فریده زبرجد
بره‌های بلهوس، چوپان‌های بی‌سواد	اسد مذنبی
نت‌های متن من	عبدالرضا مقدم
سترون	شیرین‌دخت نورمنش
شهر باریک	آیدا احدیانی
دختر خرداد	بهار الماسی
بندباز آماتور	ساسان قهرمان
کاپ کیک	گیتا خسرونیا
کافه رنسانس (چاپ دوم)	ساسان قهرمان
گسل (چاپ پنجم)	ساسان قهرمان
هفده روایت مرگ	ساسان قهرمان
به بچه‌ها نگفتیم... (چاپ دوم)	ساسان قهرمان
سوپرایز پارتی	ساسان قهرمان

No part of this book may be reproduced or utilized in any form or by any means, including but not limited to stage play productions, except for review purposes, without written permission from the author.

Copyright © 2018 by AFRA Publishing Co. / Sasan Ghahreman

ISBN: 978-1722244545
Published in Toronto, Canada
AFRA Publishing Co.
2818 Bayview Ave. Suit 301. Willowdale, On. M2K 1E4

Publisher's Cataloguing-in-publication Data

Ghahreman, Sasan, 1961
Surprise Party, Play
1. Persian literature, Persian Play -- 21th century
I. Title.
PK   6365141   2016

AFRA-2018

Surprise Party
(Play in 2 Acts)

Sasan Ghahreman

AFRA